新型职业农民培育系列教材

新型职业农民
培育政策汇编

新型职业农民培育教材编委会 组编

中国农业科学技术出版社

图书在版编目（CIP）数据

新型职业农民培育政策汇编/新型职业农民培育教材编委会组编. —北京：中国农业科学技术出版社，2016.8

ISBN 978-7-5116-2715-5

Ⅰ.①新… Ⅱ.①新… Ⅲ.①农民教育-职业教育-教育政策-汇编-中国 Ⅳ.①G725

中国版本图书馆 CIP 数据核字（2016）第 203436 号

责任编辑　白姗姗
责任校对　李向荣

出 版 者	中国农业科学技术出版社
	北京市中关村南大街 12 号　邮编：100081
电　　话	（010）82106638（编辑室）　　（010）82109702（发行部）
	（010）82109709（读者服务部）
传　　真	（010）82106650
网　　址	http://www.castp.cn
经 销 者	各地新华书店
印 刷 者	北京富泰印刷有限责任公司
开　　本	710mm×1 000mm　1/16
印　　张	13.75
字　　数	240 千字
版　　次	2016 年 8 月第 1 版　2016 年 8 月第 1 次印刷
定　　价	36.00 元

━━━━ 版权所有·翻印必究 ━━━━

《新型职业农民培育政策汇编》
编委会

主　任：贾友忠
副主任：王均沛　黄兴忠

主　编：文启金
副主编：王太斌　周遇春　林珏珏
编　委：寇化勇　李　玥　黄　龙
　　　　黄宗荣　曹英江　张金英
　　　　谢艳华　彭贤菊　彭时才
　　　　张　洁　宋绍民　王　芳

前　　言

大力培育新型职业农民，是国家科学把握现代农业发展规律做出的重大决策，是新形势下加快推进"四化"同步发展的重大部署，是解决未来"谁来种地""怎么种地""谁来经营农村""谁来发展农村"问题的重大举措。近年来，全国各地都开展了新型职业农民培育试点示范，依托国家新型职业农民培育工程，广泛开展新型职业农民的培训、认定管理和政策扶持"三位一体"机制探索。绵阳市在积极试点示范的基础上，加大财政投入，初步建立了全市新型职业农民培育体系，实现了从新型农民培训向新型职业农民培育转型。

为了进一步搞好全市新型职业农民培育整市推进工作，做好顶层设计，规范培育行为，转变培育方式，提高培育精准，构建新型职业农民培育的政策法规体系、运行管理体系、技术支持体系和质量督导体系，把新型职业农民培育工作纳入法制化、规范化管理轨道。我们对自 2012 年农业部正式启动新型职业农民培育试点工作以来，农业部印发的相关文件、领导讲话，和 2013 年省市开展试点工作以来，省市县"三级"党委政府及部门出台的有关政策和制度进行了认真梳理，现汇编成册，供各县市区从事新型职业农民培育的管理部门和培训机构在工作实践中学习使用，同时也可作为有志于成为新型职业农民的农村从业者了解国家新型职业农民培育政策和制度体系的学习资料。

编　　者

2016 年 6 月

目　录

第一部分　领导讲话、农业部文件

一、领导讲话 ……………………………………………………（3）
　2016年6月24日农业部部长韩长赋关于新型职业农民培育工作的
　　重要指示 ……………………………………………………（4）
　2013年11月15日农业部部长韩长赋在全国新型职业农民培育试
　　点工作经验交流会议上的讲话 ……………………………（5）
　2016年6月27日农业部副部长张桃林在全国新型职业农民培育经
　　验交流会暨农广校工作会议上的讲话 ……………………（12）
　2013年11月16日农业部副部长、中央农业广播电视学校校长张
　　桃林在全国农业广播电视学校体系建设工作会议上的讲话 ……（23）
　2012年12月14日农业部副部长张桃林在全国新型职业农民培育
　　工作试点启动暨研讨班上的总结讲话 ……………………（32）
　2015年5月6日曾一春党组成员在新型职业农民和农村实用人才
　　认定工作培训班上的讲话 …………………………………（38）

二、农业部文件 …………………………………………………（44）
　2012年8月1日农业部办公厅关于印发《新型职业农民培育试点
　　工作方案》的通知（农办科〔2012〕56号）……………（44）
　2013年5月24日农业部办公厅关于新型职业农民培育试点工作的
　　指导意见（农办科〔2013〕36号）………………………（49）
　2013年7月10日农业部关于加强农业广播电视学校建设加快构建
　　新型职业农民教育培训体系的意见（农科教发〔2013〕7号）
　　 ………………………………………………………………（54）
　2014年农业部新型职业农民培育和农业职业教育工作思路及要点
　　 ………………………………………………………………（58）
　2014年3月14日教育部办公厅农业部办公厅关于印发《中等职业
　　学校新型职业农民培养方案试行》的通知（教职成厅〔2014〕1号）
　　 ………………………………………………………………（62）

2014年8月1日农业部办公厅、财政部办公厅关于做好2014年农民培训工作的通知（农办财〔2014〕66号） …………………… (86)

2015年3月26日农业部科技教育司关于做好2015年新型职业农民培育工作的通知（农科（教育）函〔2015〕第68号） ………… (92)

2015年6月12日农业部关于统筹开展新型职业农民和农村实用人才认定工作的通知（农人发〔2015〕3号） ……………………… (97)

2016年5月30日农业部办公厅　财政部办公厅做好2016年新型职业农民培育工作的通知（农办财〔2016〕38号） …………… (106)

第二部分　四川省政府及省级农业部门文件

一、四川省政府文件 ……………………………………………… (113)

二、省级农业部门文件 …………………………………………… (116)

2012年11月15日四川省农业厅关于印发《四川省新型职业农民培育试点工作指导意见》的通知（川农业〔2012〕179号） ………………………………………………………………… (116)

2013年12月20日四川省农业厅办公室关于做好部级、省级新增新型职业农民培育试点县申报工作的通知（川农业办函〔2013〕131号） ……………………………………………………… (120)

2014年1月17日四川省农业厅关于印发《四川省新型职业农民认定办法（暂行）》的通知 ……………………………………… (123)

2014年8月8日四川省农业厅　财政厅关于做好四川省2014年农民培训（民生工程）工作的通知 ……………………………… (125)

2015年4月24日四川省农业厅　财政厅关于做好四川省2015年新型职业农民培育工作的通知（川农业〔2015〕40号） ………… (130)

2015年8月10日四川省财政厅　四川省农业厅关于印发《四川省农民培训补助资金管理办法》的通知（川财农〔2015〕148号） ………………………………………………………………… (134)

第三部分　绵阳市政府及市级农业部门文件

一、绵阳市市政府文件 …………………………………………… (139)

二、市级农业部门文件 …………………………………………… (143)

2013年3月8日绵阳市农业局关于印发《绵阳市新型职业农民培育试点工作实施方案》的通知（绵农发〔2013〕49号） ……… （143）

2013年11月4日绵阳市农业局关于印发《绵阳市市级新型职业农民认定管理办法（试行)》的通知……………………………… （147）

2013年10月14日市农业局关于成立新型职业农民培育试点工作领导小组的通知 ……………………………………………… （151）

第四部分　绵阳各县市区党委政府文件及农业部门培育认定制度

一、县级党委政府文件 ………………………………………… （155）

2015年5月4日中共江油市委办公室江油市人民政府办公室关于加强新型职业农民队伍建设的意见（江办发〔2015〕26号）
……………………………………………………………… （155）

2015年12月14日安县人民政府办公室关于加快培育新型职业农民的意见（安府办发〔2015〕88号）……………………… （160）

2016年1月28日盐亭县人民政府办公室关于加快培育新型职业农民的意见（盐府办发〔2016〕9号） ……………… （164）

平武县人民政府办公室关于转发《绵阳市人民政府办公室关于加快培育新型职业农民的意见》的通知（平府办发〔2015〕56号）
……………………………………………………………… （168）

2016年3月4日北川羌族自治县人民政府办公室关于转发《绵阳市人民政府办公室关于加快培育新型职业农民的意见》的通知（北府办发〔2016〕11号） ……………………… （169）

2016年3月15日绵阳市游仙区人民政府办公室关于转发《绵阳市人民政府办公室关于加快培育新型职业农民的意见》的通知（绵游府办发〔2016〕9号） ……………………………… （170）

2016年6月2日涪城区人民政府办公室关于转发市政府办《关于加快培育新型职业农民的意见》的通知（绵涪府办发〔2016〕12号） ………………………………………………………… （171）

2016年6月15日梓潼县人民政府办公室关于转发《绵阳市人民政府办公室关于加快培育新型职业农民的意见》的通知（梓府办发〔2016〕47号） ……………………………………… （172）

二、绵阳市各县市区培育认定制度 ……………………………………（173）

2013 年 12 月 17 日安县农业局关于印发《安县新型职业农民认定管理办法》的通知（安农发〔2013〕100 号）………………（173）

2014 年 4 月 15 日三台县农业局县畜牧兽医局县人力资源和社会保障局关于开展新型职业农民认定工作的通知（三农发〔2014〕35 号）……………………………………………………………（177）

2014 年 6 月 5 日梓潼县农业局关于印发《梓潼县新型职业农民认定办法（暂行）》的通知（梓农发〔2014〕28 号）…………（183）

2014 年 12 月 19 日北川羌族自治县农业局关于印发北川羌族自治县新型职业农民培育认定及管理办法（试行）的通知（北农业〔2014〕129 号）……………………………………………（185）

2014 年 12 月 24 日盐亭县农业局关于印发《盐亭县县级新型职业农民认定管理办法（试行）》的通知（盐农〔2014〕193 号）
………………………………………………………………（188）

2015 年 6 月 29 日江油市农业和畜牧局关于印发《江油市新型职业农民认定管理办法》的通知（江农牧发〔2015〕107 号）……（192）

2015 年 8 月 6 日平武县农业局关于印发《平武县新型职业农民认定管理办法（试行）》的通知（平农发〔2015〕89 号）………（195）

2015 年 9 月 10 日绵阳市涪城区农业局关于印发《涪城区新型职业农民认定管理办法》的通知（绵涪农〔2015〕号）………（200）

2016 年 3 月 14 日绵阳市游仙区农业局关于印发《游仙区新型职业农民认定管理办法（暂行）》的通知（绵游农〔2016〕24 号）
………………………………………………………………（205）

第一部分
领导讲话、农业部文件

一、领导讲话

习近平：

农业出路在现代化，农业现代化关键在科技进步。我们必须比以往任何时候都更加重视和依靠农业科技进步，走内涵式发展道路。矛盾和问题是科技创新的导向。要适时调整农业技术进步路线，加强农业科技人才队伍建设，培养新型职业农民。

——新华社 2013 年 11 月 28 日。标题：习近平：给农业插上科技的翅膀 培养新型职业农民

农村经济社会发展，说到底，关键在人。要通过富裕农民、提高农民、扶持农民，解决好"谁来种地"的问题，让农业经营有效益，让农业成为有奔头的产业，让农民成为体面的职业，让农村成为安居乐业的美丽家园。……提高农民，就是提高农民素质，培养造就有文化、懂技术、会经营的新型农民，确保农业后继有人。

——《习近平讲话读本》

要把加快培育新型农业经营主体作为一项重大战略，以吸引年轻人务农、培育职业农民为重点，建立专门政策机制，构建职业农民队伍，为农业现代化建设和农业持续健康发展提供坚实人力基础和保障。

——新华网 2016 年 2 月 7 日。标题：习近平眼中的"三农短板"

李克强：

推进农业现代化，改革是关键。要在稳定家庭经营的基础上，支持种养大户、家庭农牧场、农民合作社、产业化龙头企业等新型经营主体发展，培养新型职业农民，推进多种形式适度规模经营。

——《2015 年国务院政府工作报告》

2016年6月24日农业部部长韩长赋关于新型职业农民培育工作的重要指示

　　新型职业农民有文化、懂技术、善经营、会管理，是破解"谁来种地"难题的现实选择，是现代农业建设的主力军、是新农村建设的中坚力量。习近平总书记强调，要完善职业培训政策，提高培训质量，造就一支适应现代农业发展的高素质职业农民队伍。近年来，各级农业部门认真贯彻落实习近平总书记重要指示精神和中央部署要求，加大培育新型职业农民工作力度，新型职业农民队伍不断发展壮大，为农业农村经济发展注入新活力。新型职业农民培育是一项系统工程，是长期而艰巨的任务。"十三五"时期，各级农业部门要进一步增强紧迫感、责任感和使命感，强化政策扶持、完善培育制度、健全培训体系，认真组织实施新型职业农民培育工程，加快培育形成一支高素质的农业生产经营者队伍，为推动农业现代化取得明显进展、如期实现全面建成小康社会目标做出新的更大贡献！

2013年11月15日农业部部长韩长赋在全国新型职业农民培育试点工作经验交流会议上的讲话
——大力培育新型职业农民为建设现代农业提供人才支撑

同志们：

在党的十八届三中全会刚刚胜利闭幕之际，我们在陕西省召开这次会议，主要任务是，学习贯彻十八届三中全会精神，交流新型职业农民培育试点工作经验和做法，研究部署新型职业农民培育重点工作，壮大提升现代农业生产经营者队伍。这次会议，不是一次例行的、条线的、一般的会议，而是一次关系农村改革和现代农业发展的特殊重要会议，是关系"三农"长远发展的前瞻性会议。这次会议要研究的问题，实质上是在新的历史条件下"谁来种地"的重大战略问题。教育部、共青团中央、全国妇联、中国农业大学等部门和单位对新型职业农民培育给予了大力支持，并参加了这次会议，我代表农业部表示欢迎和感谢。陕西省委、省政府高度重视新型职业农民培育工作，对这次会议给予了大力支持，我代表农业部表示感谢。刚才，6位同志作了发言，听了很受启发。中华农业科教基金会评选资助了100名新型职业农民，释放了一个信号，也是一种导向，做法很好。

下面我讲四点意见。

一、新型职业农民培育试点工作进展顺利

近年来，随着现代农业加快发展，一大批新型职业农民涌现并成长起来，受到各方热切关注。去年8月，我部启动了新型职业农民培育试点，制定了试点工作指导意见，各省区市和试点县紧扣当地实际，积极探索，大胆实践，在许多方面取得了重要进展。

一是坚持政府主导、部门协同，努力形成加快培育新型职业农民的工作氛围。各地高度重视新型职业农民培育试点工作，成立领导小组，统筹协调相关部门，制定扶持政策，落实工作经费，形成了合力推动的良好氛围。如福建省委专门部署启动新型职业农民素质提升工程，省财政安排专项经费2 200万元。陕西省政府专门下发了试点工作意见，省农业厅和重庆市农委都把培育新型职业农民作为"一把手"工程，筹措专门经费推进试点。

二是坚持立足产业、结合实际，着力培育新型农业生产经营主体。各地立足当地资源禀赋和优势特色产业，把专业大户、家庭农场主、农民合作社

负责人、农机手等作为重点培育对象，加强技能培训，强化政策扶持，发挥示范带动作用，引领主导产业发展。如山西省晋中市围绕产业整体规划，推进职业农民培养，陕西省安康市探索了村社、园场、企业与培训学校合作的多种模式，实现了职业农民培养、经营主体发育和农业产业发展相结合相促进。今年上半年，我到四川省崇州市调研，当地培育农业职业经理人，领办农民合作社，发挥对农民的示范引领带动作用，给我留下深刻印象。

三是坚持政策创设、机制创新，积极探索完善新型职业农民培育制度。按照农业部提出的制度框架，各地在实践中不断丰富和完善内容，初步构建起教育培训、认定管理与政策扶持"三位一体"的制度体系。目前，全国100个试点县中，已有88个县建立了新型职业农民教育培训制度，73个县制定了认定管理办法，61个县明确了扶持政策。

四是坚持农民主体、需求导向，充分调动农民务农创业的积极性。各地在培育新型职业农民过程中，始终坚持农民主体地位，以农民需求为导向，贴近产业需要和基层实际，农民需要什么就培训什么，农民怎么方便就怎么开展，不断增强培训的针对性和实效性。同时，在土地流转、金融保险、生产补贴等方面，予以重点倾斜，提高其自我发展能力。如武汉市东西湖区、山东省招远县把农民需求放在第一位，制定的培养计划和政策措施受到当地农民欢迎。

在看到成绩的同时，我们也必须看到，这项工作有氛围，但还没有形成气候。各地对新型职业农民培育的思想认识还不统一，有的地方认为目前还不到大规模培育新型职业农民的时候，个别县甚至放弃试点；有的地方抓工作力度不够，存在畏难情绪和等靠要思想；一些政策和制度还不完善，也在一定程度上影响了培育工作的深入推进。我们要认真研究和解决这些问题。

二、充分认识加快培育新型职业农民的重要意义

刚刚闭幕的党的十八届三中全会，对全面深化改革作出了战略部署，对农村改革提出了明确要求。大力培育新型职业农民，是深化农村改革、增强农村发展活力的重大举措，也是发展现代农业、保障重要农产品有效供给的关键环节。我们要深入贯彻十八届三中全会部署要求，充分认识新型职业农民培育的重要性紧迫性，加快推进新型职业农民培育工作。

（一）确保国家粮食安全和重要农产品有效供给，迫切需要培育新型职业农民。解决13亿人的吃饭问题，始终是治国安邦的头等大事。近年来，我国粮食生产实现历史性的"九连增"，今年丰收增产也成定局，棉油糖、

肉蛋奶、果菜鱼等全面发展，农产品市场供应充足、品种丰富、价格稳定，为经济社会发展稳定提供了基础支撑。我们成功解决了13亿人口的吃饭问题，但要把饭碗牢牢端在自己手里，仍然面临很大压力，主要农产品供求仍然处于"总量基本平衡、结构性紧缺"的状况。随着人口总量增加、城镇人口比重上升、居民消费水平提高、农产品工业用途拓展，我国农产品需求呈刚性增长。据预测，今后一段时间我国每年大体增加粮食需求200亿斤、肉类80万吨。我们可以更多利用国际市场、国外资源，但国际农产品市场起伏不定，世界粮食安全形势不容乐观，依靠进口调剂余缺的空间有限。习近平总书记强调，中国人的饭碗要牢牢端在自己手里，我们自己的饭碗主要要装自己生产的粮食。今后中国提高农业综合生产能力，让十几亿中国人吃饱吃好、吃得安全放心，最根本的还得依靠农民，特别是要依靠高素质的新型职业农民。只有加快培养一代新型职业农民，调动其生产积极性，农民队伍的整体素质才能得到提升，农业问题才能得到很好解决，粮食安全才能得到有效保障。

（二）推进现代农业转型升级，迫切需要培育新型职业农民。当前，我国正处于改造传统农业、发展现代农业的关键时期。农业生产经营方式正从单一农户、种养为主、手工劳动为主，向主体多元、领域拓宽、广泛采用农业机械和现代科技转变，现代农业已发展成为一二三产业高度融合的产业体系。近年来，农业物质技术装备水平不断提高，2012年农业科技进步贡献率达到54.5%，耕种收综合机械化水平达到57%，标志着我国农业发展已进入主要依靠科技进步的新轨道，农业生产方式由几千年来以人力畜力为主转入以机械作业为主的新阶段。但我国农业劳动生产率仍然偏低，仅相当于第二产业的1/8、第三产业的1/4、世界平均水平的1/2。造成这个问题的原因很多，其中很重要的一条就是支撑现代农业发展的人才青黄不接，农民科技文化水平不高，许多农民不会运用先进的农业技术和生产工具，接受新技术、新知识的能力不强。发展现代农业，必然要有与之相适应的新型职业农民。只有培养一大批具有较强市场意识，懂经营、会管理、有技术的新型职业农民，现代农业发展才能呈现另一番天地。

（三）构建新型农业经营体系，迫切需要培育新型职业农民。改革开放以来特别是新世纪以来，我国农村劳动力大规模转移就业，农业劳动力数量不断减少、素质结构性下降的问题日益突出。随着大量农村青壮年劳动力外出转移就业，目前许多地方留乡务农的以妇女和中老年为主，小学及以下文化程度比重超过50%。占农民工总量60%以上的新生代农民工不愿意回乡务农。今后"谁来种地"成为一个重大而紧迫的课题。确保农业发展"后继有人",关键是要构建新型农业经营体系,发展专业大户、家庭农场、农民合作社、产业化龙头企业和农业社会化服务组织等新型农业经营主体。今后一个相当长时期,农村将是传统小农户、兼业农户与专业大户、家庭农场以及农业企业并存的局面,但代表现代农业发展方向的是新型经营主体、职业农民。新型职业农民是家庭经营的基石、合作组织的骨干、社会化服务组织的中坚力量,也是新型农业经营主体的重要组成。只有把新型职业农民培养作为关系长远、关系根本的大事来抓,通过技术培训、政策扶持等措施,留住一批拥有较高素质的青壮年农民从事农业,吸引一批农民工返乡创业,发展现代农业,才能发展壮大新型农业经营主体,不断增强农业农村发展活力。

总之,培育新型职业农民是体制创新和人才创新的紧密结合,中央有要求,发展有需要,农民有愿望。我们要顺势而为、抓住机遇,鼓足干劲、乘势而上,开创新型职业农民培育新局面。

三、扎实推进新型职业农民培育重点工作

新型职业农民培育工作具有明显的公益性、基础性、社会性,是政府部门的基本公共服务内容,也是一项长期而艰巨的基础工程。各级农业部门要认真总结试点经验,加大扶持力度,创新培育模式,采取有效措施,推动新型职业农民培育由点到面不断拓展、从规模到质量不断提高。

一是深入开展农民职业技能培训。这是提高农民生产经营水平的有效途径,也是培育新型职业农民的主体内容。2010年以来,我部积极推动农村劳动力培训阳光工程向务农农民职业技能培训转型,中央财政累计投入44亿元,培训农民1 200余万人次,为促进农民兴业创业、增加收入发挥了积极作用。要推动阳光工程转型,围绕新型职业农民这个主要对象,突出务农技能这个核心内容,开展从种到收、从生产决策到产品营销的全过程培训,重点培训良种良法、病虫害防治、农机农艺融合、储藏保鲜、市场营销等现代农业知识技能,以及现代农业管理和经营理念。要努力争取扩大阳光工程资金规模,提高补助标准,逐步建立农民免费职业技能培训制度,吸引更多的青壮年农民接受培训、提高技能。

二是积极发展农业职业教育。目前,我国有农业职业院校280余所,县级以上农业广播电视学校2 700余所,农村职业高中4 000多所。这些宝贵的教育培训资源,是培养新型职业农民的重要载体,但作用发挥得还不够。要

鼓励支持农业职业院校办好农科专业，积极争取将骨干务农农民的农科职业教育，特别是中等职业教育，纳入国家职业教育免学费政策范围，吸引农村有志青年学习农业、投身农业。要积极引导农业职业院校以服务生产、服务农民为导向，采取灵活的教育培训模式，把课堂办到农民家门口、搬到农业生产第一线，促进农民职业技能培训与职业教育相衔接相贯通。

三是强化农民教育培训体系建设。经过30多年的改革发展，绝大部分地区已经形成了以农广校为主体，多元力量有序参与的农民教育培训工作体系。随着现代农业发展对新型职业农民培训的要求不断提高，我国农业教育培训资源不足、机制不完善、条件不配套等问题日益凸显。要统筹利用好农广校、农业职业院校、农机化学校、农技推广服务机构、农业科研院所等公益性培训资源，同时发展合作社、龙头企业等社会化教育培训机构，搭建专业化、多元化相结合的新型职业农民培育平台，充分发挥高产创建示范片、畜禽水产标准化养殖小区、现代农业园区的实训作用。要建好用好农广校，有条件的地方要依托农广校建立农民科技教育培训中心，发挥农广校在新型职业农民培育中的主力军作用。

四是积极探索新型职业农民认定管理方式。对新型职业农民进行认定，不是设置务农门槛，而是为了更好地引导农民接受教育培训，定向加大政策扶持力度，发展壮大新型职业农民队伍。这是一项政策性很强的工作，要坚持政府主导和农民自愿的原则，针对不同类型、不同层次的职业农民，实施差异化的认定标准和扶持措施。各地对认定的职业农民要创新扶持办法，重点提供信贷、储藏、农机、保险、农业生产辅助设施用地等服务，以服务促认定，以认定促培养。这样，既可调动农民积极性，又能创新农业补贴方式和渠道。要建立动态管理机制，保持职业农民这支队伍的生机和活力。

五是加大新型职业农民政策扶持。目前，新型职业农民才刚刚兴起，自身实力普遍不强，生产发展、就业创业还面临许多困难和问题，迫切需要加大政策扶持力度。要支持承包地向新型职业农民流转，推动农业补贴和项目建设向新型职业农民倾斜，帮助新型职业农民解决贷款难、生产辅助设施用地难等问题，不断增强其综合实力与自主发展能力。有条件的地方，要探索争取让新型职业农民与城镇职工享受同等的养老、医疗等社会保障待遇。

四、强化新型职业农民培育工作的支持保障

新型职业农民培育工作起步晚、任务重、意义大，需要各地立足大局、着眼长远，积极扎实做好各项工作，以试点推动全局，以新型职业农民培育带动农民素质整体提升，加快建设现代农业步伐。

一要加强组织领导。各级农业部门要把培育新型职业农民纳入农业农村经济工作总体部署，作为当前和今后一个时期的一项重点工作。"一把手"要亲自抓、负总责，不等不靠，勇于探索，积极推进新型职业农民培育工作。各省回去要向主管省长汇报，争取重视支持，建立工作管理推进机制。同时，要加强与相关部门的协调沟通，深化部门合作，推动形成部门间分工合作、优势互补、群策群力的工作格局，共同推动解决教育培训经费条件、培训后支持服务等实际问题。

二要加大投入力度。明年我部阳光工程将全面转型，整合相关资源，主要面向新型职业农民开展培训。各级农业部门要加强与财政部门的沟通协调，积极争取将新型职业农民培育纳入财政预算，鼓励有条件的地方设立专项资金，建立长效投入机制。要积极争取发展改革等部门的支持，进一步加大条件建设投入，加强教学实训基地建设，改善教育培训条件，提升教育培训能力。各地也要整合项目资源，形成支持新型职业农民培育的合力。

三要扩大试点范围。现在试点工作已进行了一年多，各地要加快工作进度，及时总结试点经验。这次会议，既是一次经验交流会，也是一次扩大试点的动员会。明年要进一步扩大试点范围，我部试点县将由现在的100个扩大到300个，并选择一个省重点开展试点工作。有条件的省份，原则上至少要抓一个整市推进的试点；条件不具备的省份，也要抓几个重点县，加快探索适合不同地区、不同经济发展水平的培育方式和制度。没有开展试点的县市也要提前谋划，摸清底数，制定方案，做好准备，为启动新型职业农民培育工作打下基础。后年，全国要全面开展这项工作。

四要做好宣传引导。要积极宣传各地的好做法好经验，广泛宣传报道新型职业农民的先进事迹，在全社会营造关心支持新型职业农民培育的良好氛围，推动新型职业农民培育工作在全国蓬勃开展。要培养造就一大批新型职业农民，树立以农为业，以农创业，务农光荣，务农富裕，务农也能现代化的社会风尚。

同志们，培育新型职业农民就是培育"三农"事业的未来。我们是在做一件使农民由身份称谓转变为职业称谓的历史性工作，我们是在做一件推动职业农民在广大农村从事引领农业现代化的工作，利在当代、功在千秋。让我们紧密团结在以习近平同志为总书记的党中央周围，深入贯彻党的十八大和十八届三中全会精神，牢牢把握"三农"发展的新形势新机遇，锐意进取、开拓创新，全面推进新型职业农民培育工作，稳定和壮大现代农业生产经营者队伍，为加快推进农业现代化做出新的重要贡献。

谢谢大家！

2016年6月27日农业部副部长张桃林在全国新型职业农民培育经验交流会暨农广校工作会议上的讲话

同志们：

这次会议是自2013年西安会议之后农业部再次专门研究部署新型职业农民培育工作的会议。主要任务是，深入贯彻落实中央1号文件和习近平总书记在农村改革座谈会上的重要讲话精神，总结交流新型职业农民培育工作经验和成效，研究分析"十三五"形势和任务，部署新阶段新型职业农民培育和农广校体系建设重点工作，加快培养现代农业生产经营者队伍。韩长赋部长对新型职业农民培育工作高度重视，刚才廖西元同志宣读了韩部长的重要批示精神，希望同志们认真学习，深刻领会，抓好落实。这次会议选择在苏州召开，主要是考虑江苏省是现代农业发展的先导区，江苏省委、省政府十分重视新型职业农民培育工作，创造了很好的经验。今天上午，我们参观了苏州市御亭、吴江现代农业产业园区等新型职业农民培育基地，体验了新型职业农民培育信息化建设的成果，很有代表性，值得总结推广。刚才，苏州市政府陆留生副市长介绍了苏州市农业农村发展及新型职业农民培育情况，相信大家听了以后会留下深刻印象。财政部农业司陈有方同志对新型职业农民培育提出了明确要求，7位同志分别从不同层次、不同角度介绍了经验和做法，听了很受启发，值得学习借鉴。

下面我讲四点意见。

一、总结试点示范，充分肯定新型职业农民培育工作成效

近年来，我部与财政部一起认真贯彻落实党中央国务院部署要求，启动了新型职业农民培育试点示范工作，制定了工作指导意见，各地结合实际，完善培育制度，强化体系建设，增加经费投入，试点示范工作扎实推进。

（一）新型职业农民培育工作格局基本形成

2012年，我部在全国选择100个农业县开展了新型职业农民培育试点工作。2014年与财政部共同启动实施新型职业农民培育工程，在全国2个整省、14个整市、300个县开展示范培育，主要任务是探索建立培育制度、开展示范性培育和建立健全培训体系。2015年示范范围扩大至全国4个整省、21个整市和487个县，并会同团中央、教育部启动实施现代青年农场

主培养计划。

在中央政策指引和国家试点示范推动下，各级党委政府高度重视，陕西、湖南、安徽、云南、山西、广西、江苏、四川、上海、山东等省（区、市）由政府或政府办公厅出台了专门文件，对新型职业农民培育工作做出全面部署。很多市县级党委政府将新型职业农民培育列为农业农村重点工作，明确相关部门责任，制定专门政策支持新型职业农民培育。各级农业部门强化组织领导，落实扶持政策，推动试点示范深入开展。一大批专业大户、家庭农场主、合作社骨干等新型经营主体带头人主动参加培训，提高综合素质、生产经营能力和专业化水平。经过几年的努力，初步形成了政府推动、部门联动、产业带动、农民主动的新型职业农民培育良好工作格局。

（二）新型职业农民培育制度框架基本确立

各地按照中央部署和农业部、财政部要求开展试点示范，在完善培育制度方面进行了积极探索和大胆实践。在培育环节上，坚持把教育培训作为新型职业农民培育的重点环节，突出培训的针对性、规范性和有效性；把规范管理作为构建新型职业农民队伍的重要手段，以素质能力、生产规模、经营效益、带动作用为参考要素，分产业制定认定条件和认定标准，将新型职业农民分为初、中、高三级，开展认定工作，颁发《新型职业农民证书》；把政策扶持作为促进新型职业农民发展的重要保障，支持职业农民创业兴业。在培育对象上，坚持以专业大户、家庭农场主、合作社带头人、农业企业骨干等生产经营型职业农民为重点，兼顾专业技能型和专业服务型职业农民。在培育模式上，实行"一点两线、全程分段"培训，即以产业发展为立足点，以生产技能和经营管理水平提升为两条主线，按农业生产重点环节，分阶段安排集中培训、实训实习、参观考察和生产实践，实现产业周期全程覆盖。这些农民田间课堂、教学实训基地、培训示范区、创业联盟（创业园区）打造的过程，也是促进知识技术加快转化集成应用的过程，因为农民培育就是要将最新的技术成果传授给农民。从这个意义上讲，农民培育与农技推广是一个相互促进互动并进的过程。在培育层次上，既有培训，也有学历教育的试点。2015年农业部与教育部联合印发《中等职业院校培养新型职业农民方案试行》，福建省、江苏省、浙江省、河南省、北京市依托涉农职业院校和农广校，面向新型职业农民开展中职、高职教育试点工作。经过近三年的探索实践，基本确立了教育培训、规范管理、政策扶持"三位一体"，生产经营型、专业技能型、专业服务型"三类协同"，初级、中级、高级"三级贯通"的新型职业农民培育制度框架。各地在实践中探索出了很多特色鲜明、成效显著、代表性强的经验和做法。例如，江苏省委省政府将"新型职业农民培育程度"纳入农业基本现代化指标体系，省农委将新型职业农民培育增长率纳入全省农业系统重点工作考核指标，各市县将新型职业农民培育纳入目标考核重点内容。通过指标引领，新型职业农民培育工作已上升为政府行为，成为现代农业建设的有力抓手。陕西省、湖北省和山西省各级农业部门和相关机构深入村组开展摸底调查，了解掌握新型职业农民的培训需求，建立培育对象数据库，实现了培育对象的精准化。山东省临沂市、河北省平泉县、河南省夏邑县将培育工作与主导产业紧密结合，根据产业发展需要和农民实际需求安排培训内容，主要在农民田间学校就近就地开展培训，实现了教学与生产过程有效对接，提高了培训的针对性，调动了农民的积极性。

（三）新型职业农民教育培训体系加快构建

各级农业部门着力加强农民教育培训体系建设，积极发挥各级农业广播电视学校、涉农院校、科研推广机构、企业社会组织的作用，形成了以农广校为主体、多方资源广泛参与的"一主多元"新型职业农民教育培训体系。

各级农广校承担着新型职业农民培育专门职能，负责需求调研、学员遴选、认定管理、跟踪服务等基础性、长期性工作，直接承担或组织了大量教育培训任务，是职业农民培育的主导力量。例如，陕西省加强农广校体系建设，组建了5 260多人的专兼职师资团队，2015年启动县级农广校标准化建设，投入600万元，2016年增加到2 000万元，有力提高了农广校体系建设水平。农业科研院所和农技推广机构发挥专家、成果和体系的优势，为新型职业农民提供农业生产技术培训和跟踪服务。涉农院校发挥师资队伍、教学设施、实训场所等方面的优势，主要开展青年农场主和高技能人才培训，浙江、广西、山东、湖北等地依托涉农院校建立职业农民学院（农民学院），创建"学历+技能+创业"的新型职业农民培养模式。河南、重庆等地在农民合作社、农业企业等建设农民田间学校，新型职业农民培育走进产业、服务产业。有关社会培训机构、农业企业等社会力量发挥自身优势，参与新型职业农民教育培训工作。在教育部支持指导下，近两年来，中国现代农业、现代畜牧业、现代渔业、现代农业装备和都市农业五大职教集团相继成立，通过产教融合、校企合作，探索联合培养农业高技能人才、现代青年农场主与新型职业农民的路径和模式。一些农业龙头企业积极履行社会责任，主动承担新型职业农民培训任务。隆平高科与中央农广校、湖南省农委合作，开展农民教育培训和农业指导服务，实现基地基层联动、线上线下互补、育种育人一体。荃银高科在安徽农业大学设立"荃银班"，探索培养本科层次的青年农场主。中化化肥、金正大、中联重科、先正达等涉农企业也加强与农业部门合作，建设农民田间学校，提供农资、农技等服务，受到农民的欢迎。

(四) 新型职业农民培育经费投入实现突破

新型职业农民培育是一项公益性、基础性、战略性工程，是政府义不容辞的职责。中央财政持续加大投入力度，支持开展新型职业农民培育工作，2014、2015年分别安排11亿元专项资金，每年培训100万新型职业农民，2016年中央财政投入增加至13.9亿元，增长了26.4%，将进一步提高补助标准、提升培训质量。在中央财政的示范引导下，各地也纷纷加大新型职业农民培育资金投入力度。如，近几年江苏省财政每年投入1亿元，省内不少市县级财政也在加大扶持力度，去年苏州市安排财政专项资金800万元。山西省财政每年整合1亿元专项资金。陕西省财政每年投入4 000万元，实施新型职业农民塑造工程和县级农广校标准化建设项目。安徽省财政过去2年每年安排4 000万元专项资金，今年将新型职业农民培育工作纳入省民生工程，整合各类资金1亿元。福建省财政每年投入3 000万元，实施新型职业农民学历提升工程，今年新增3 000万元，用于全省全面开展新型职业农民培育工作。据不完全统计，过去两年省、市、县各级财政投入资金超过20亿元。

(五) 一批新型职业农民在各地蓬勃涌现

随着新型职业农民培育工作深入开展，一批新型职业农民逐渐成长起来。一批高素质的青年农民正在成为种养大户、家庭农场主和农民合作社领办人，一批大学生、返乡农民工和退伍军人加入到新型职业农民队伍中，一批"戴眼镜"的新型职业农民正在涌现，为现代农业发展注入新鲜血液。据对2015年申报的1.3万青年农场主统计，其中高中/中专学历占58.9%，大专及以上学历占34.7%，整体素质较高。新型职业农民创业兴业典型层出不穷，成为现代农业发展历史进程中一道靓丽风景。这方面的成效值得进一步加大总结宣传。

这几年，新型职业农民培育工作取得的成绩值得充分肯定，也积累了许多弥足珍贵的经验，值得认真总结。一是坚持产业导向抓队伍。各地立足当地资源禀赋和优势特色产业，加快培育新型职业农民，着力构建高素质现代农业生产经营者队伍，发挥示范带动作用，推动新型农业经营主体发育，引导主导产业发展。二是坚持机制创新抓效果。各地结合实际，创新培育机制，培育对象由普通农民聚焦到专业大户和新型经营主体带头人，培训内容由单一的技术培训拓展到技术培训和经营管理并重，培训形式由课堂教学转向课堂教学和现场教学相结合，培训手段由面对面培训转向线上线下培训相结合，实行精准培育，提高了培训效能。三是坚持过程规范抓管理。各地在培育过程中，始终坚持高标准严要求，建立信息管理系统，锁定培育对象，制定培训指南，确定认定标准，加强资金监管，确保新型职业农民培育工作科学化、规范化。四是坚持夯实基础抓能力。各地扎实做好对象摸底调查、师资队伍遴选、优质教材开发、实训基地和农民田间学校建设等基础性工作，提升新型职业农民培育的条件和能力。

这里我想引用刚才山东省临沂市鞠局长发言中的一段话来概括新型职业农民培育的成效：实践证明，新型职业农民从根本上提高了农业的内在潜力和发展动力，是推进现代农业规模化生产、产业化经营、社会化服务的典型代表，成为农村脱贫致富的带头人。虽然新型职业农民培育工作取得了明显成效，但与中央的要求、现代农业发展的需要以及广大农民的愿望相比，还存在一定差距。一是认识有待提高。部分省的新型职业农民培育工作，还没有摆上应有的位置。有的农业部门没有把新型职业农民培育纳入"一把手"工程，甚至内部也没有形成合力。二是质量有待提高。当前一些地方仍然存在以"培训"替代"培育"的现象，有的就项目论项目，单纯完成培训任务，既不开展认定管理和跟踪服务，也没有落实扶持政策，培育的质量亟待提高。三是条件有待提高。一些地方培训手段单一，现代化、信息化手段运用不足，教学设施简陋，基地建设滞后，师资水平不高，严重影响了新型职业农民培育的效果。四是典型宣传有待提高。有的地方不注重总结宣传，没有形成良好氛围。对这些问题，我们要高度重视，奋发有为，努力在新的起点上取得新的进展。

二、科学把握形势，明确"十三五"新型职业农民培育工作面临的任务

"十三五"是全面建成小康社会的决胜期，也是加快推进农业现代化的关键期，新型职业农民培育面临着新形势新情况新要求。我们对培育新型职业农民的必要性、紧迫性要有更深的理解，只有坚持问题导向、目标导向，才能保证针对性、精准性和高效性。

第一，新型职业农民培育，是事关"三农"发展的重大战略性问题。习近平总书记在2013年底召开的中央农村工作会议上发表重要讲话，把"谁来种地"作为"三农"工作的五个重大问题之一作了战略性地深刻阐述，强调建立专门政策机制、构建职业农民队伍。今年4月，在安徽小岗村召开的农村改革座谈会上，再次强调要以吸引年轻人务农、培育职业农民为重点，加快构建职业农民队伍，形成一支高素质农业生产经营者队伍。2012年以来，连续5个中央1号文件，以及中办、国办多个重要文件都对新型职业农民培育作出了全面部署。特别是今年的中央1号文件，单列一条强调要加快培育新型职业农民，把职业农民培养成建设现代农业的主导力量。习近平总书记的重要论述和中央文件的部署要求，进一步强化新型职业农民培育在"三农"发展中的战略性地位，我们要认真学习贯彻，把思想和行动统一到中央精神上来，坚持不懈地抓实抓好新型职业农民培育工作，从根本上解决"谁来种地"、"怎样种好地"的问题。

第二，新型职业农民培育，是事关农业现代化的方向性问题。党的十八届五中全会和"十三五"规划纲要都明确提出，"十三五"农业现代化要取得明显进展。目前我国农业正处在转方式调结构的关键时期，转变农业发展方式、推进农业供给侧结构性改革的任务十分艰巨。农民是现代农业发展的主体，农民职业化是农业基本现代化的重要指标。新型职业农民+新型农业经营主体+规模化经营是我国现代农业发展的基本方向。再过10到20年，一大批有文化、懂技术、会经营的新型职业农民，将是中国现代农业发展的主要依靠力量。但是，总体来看，我国新型职业农民队伍规模不大，结构不优，素质不高，难以支撑现代农业发展。只有加大新型职业农民培育力度，加快构建一支高素质现代农业生产经营者队伍，才能为农业现代化建设提供坚实的人力基础和保障。

第三，新型职业农民培育，是事关全面建成小康社会的全局性问题。"小康不小康，关键看老乡"，全面建成小康社会的重点和难点在农民，最艰巨最繁重的任务在农村。农民要小康，收入要连涨，虽然这几年农民收入持续增长，城乡收入相对差距有所缩小，但是绝对差距不断扩大。2015年农村居民人均可支配收入仅为11 422元，城镇居民高达31 195元，相差近两万元，而且农民社会保障水平低，公共服务少，特别是农民还是一种"身份"称谓，没有真正成为体面的"职业"。培育新型职业农民，将其打造为专业大户、家庭农场主、合作社领办人和农业企业骨干，发展多种形式的适度规模经营，使农业经营有效益、农业成为有奔头的产业、农民成为体面的职业。另外，新型职业农民培育也是实现精准扶贫、精准脱贫的基础性工程。培育新型职业农民能帮助他们发展产业增加收入，成为农村脱贫致富的带头人，在这方面，临沂市、平泉县进行了有益的探索。

面对新形势新要求，我们要抓住机遇，迎接挑战，变压力为动力，进一步加强责任感和使命感。"十三五"时期，要把新型职业农民培育工作摆在更加突出的位置，使新型职业农民成为现代农业发展的主导力量。总的考虑是，紧紧围绕"一条主线"，大力实施"两项计划"，突出抓好"三大环节"，努力实现"四个提升"。

"一条主线"，就是"围绕现代农业发展，加快构建职业农民队伍"。要始终面向现代农业发展，着眼构建现代农业产业体系、生产体系、经营体系，支撑新型农业经营主体和农业社会化服务主体发育，加快培育新型职业农民，建立高素质现代农业生产经营者队伍。

"两项计划"，就是要依托新型职业农民培育工程，大力实施新型农业经营主体带头人轮训计划和现代青年农场主培养计划。一是新型经营主体带头人轮训计划。按照今年中央1号文件部署，开展新型农业经营主体带头人培育行动，实施新型农业经营主体带头人轮训计划，以专业大户、家庭农场主、农民合作社带头人和农业企业骨干为主要对象，利用5年时间轮训一遍，每年培训100万人。其中对5万名农机专业合作社带头人实行轮训，从今年开始，每年培训1万名。重点培训生产技能与经营管理知识，开展新型职业农民认定管理、跟踪服务和政策扶持，促进新型职业农民和新型农业经营主体"两新"并行、"两新"融合、一体化发展。二是现代青年农场主培养计划。现代农业建设需要一大批有志青年参与。实施现代青年农场主培养计划是着眼新型职业农民发展未来的重要举措，是激发农村青年创新创业活力、吸引留住农村优秀青年在农村建功立业的重要手段。"十三五"期间，要继续实施现代青年农场主培养计划，每年遴选1万名具有产业基础和高中及以上学历，年龄在18~45周岁之间的专业大户、家庭农场主、农民合作社骨干、返乡创业大学生、返乡农民工和退伍军人，经过3年左右的培训指导、创业孵化、认定管理、政策扶持和跟踪服务，形成一支创业能力强、技能水平高、带动作用大的青年农场主队伍。

"三大环节"，就是完善教育培训、规范管理和政策扶持"三位一体"的培育制度。一是教育培训环节。要锁定对象、精准培育，创新机制模式和方式方法，明确培育理念和方向，丰富课程体系和教学组织模式、方式、手段，全面提升培训的针对性有效性。二是规范管理环节。强化对职业农民队伍的管理，建立信息档案、教与学科学考评和认定、评估标准体系，分级分类开展认定工作，建立动态管理机制，保持职业农民队伍的生机和活力。三是政策扶持环节。要加大对新型职业农民扶持政策的创设力度，并与各类计划项目协同配套支持，比如农技推广服务体系建设（农技信息化工程），争取更多的资金投入，推动农业补贴和项目建设向新型职业农民倾斜，帮助新型职业农民解决贷款难、生产辅助设施用地难等问题，不断增强其综合实力与自主发展能力。有条件的地方，要探索争取让新型职业农民与城镇职工享受同等的养老、医疗等社会保障待遇。

"四个提升"，一是有效提升农民职业化素质能力。通过培育和自身发展，农民的综合素质、生产技能和经营能力得到有效提升，以农为业、适度规模经营的新型职业农民队伍不断壮大，新型职业农民的收入水平、社会保障得到普遍提高，农民逐渐成为体面的职业。二是有效提升新型农业经营主体发展能力。通过培育，进一步提升新型农业经营主体带头人和骨干的科学决策与经营管理水平，带动新型农业经营主体科学组织生产经营，不断提高土地产出率、劳动生产率和资源利用率，有效规避和化解市场风险，实现科学发展和快速发展。三是有效提升新型职业农民教育培训体系保障能力。要建立投入稳定增长的长效机制，加强教师队伍、实训基地、农民田间学校、信息化手段等基础条件建设，健全完善"一主多元"的新型职业农民教育培训体系，为大规模培养造就新型职业农民队伍提供支撑。四是有效提升新型职业农民管理服务能力。围绕培育各环节，建设完善新型职业农民培育申报、审核、管理和服务一体化的信息管理系统，为农民提供在线教育培训、移动互联服务、在线管理考核和全程跟踪服务。

三、积极主动作为，切实做好2016年新型职业农民培育工作

今年是"十三五"的开局之年，国家加大了对新型职业农民培育工作的支持力度，这样的支持来之不易，大家要倍加珍惜。按照农业部、财政部关于做好2016年新型职业农民培育工作的通知要求，各省要进一步加大创新力度，落实培育环节，加强资金监管，确保新型职业农民培育工作开好局、起好步。

第一，加强组织领导，形成工作合力。培育新型职业农民是一项长期性、基础性、系统性工作，各级农业部门要进一步加强组织领导，制定"十三五"新型职业农民培育发展规划和年度计划，统筹协调财政、教育、人力资源和社会保障、金融、保险等部门参与到新型职业农民培育工作中

来。要发挥好农广校主体或基础作用，各地各级农广校要因地制宜，有条件有能力的可以"直接教"，也可以"组织教"，即发挥专业化统筹组织协调作用。要积极创新机制，聚集农业院校、科研院所、农业龙头企业、职教集团和农民合作社等资源优势，吸引多方力量广泛参与，共同推进培育工作，形成齐抓共管的新局面。

第二，抓好示范培育，提升质量效能。2016年，新型职业农民培育工程示范规模进一步扩大到8个整省、30个整市、800个示范县。各地要突出重点，加强培育对象库、师资库、教材和基地建设，创新培训方式，丰富信息化手段，进一步提升培育质量。要抓好示范培育工作，注重机制创新，善于总结经验，形成一批可复制可推广的模式，充分发挥示范带动效应，尤其要充分利用和结合现有各类项目计划、工程、示范区，开展新型职业农民培育，各地要积极探索新机制新模式，形成新的亮点。

第三，落实扶持政策，促进创业兴业。强化政策扶持是培育新型职业农民的关键环节，中央加大了对新型农业经营主体的扶持力度，各地要结合实际，协调与整合现有政策，积极创设新的政策，将这些政策落实到新型职业农民身上，加快构建支持新型职业农民教育培训、产业扶持、金融保险、人才激励、社会保障等衔接配套的政策扶持体系，为新型职业农民的发展提供有力支持。

第四，加强规范管理，强化监督考核。从今年开始，新型职业农民培育度将纳入粮食省长负责制考核，各地要加强规范管理，细化考核指标，提高新型职业农民培育水平，同时要积极探索将新型职业农民队伍建设纳入农业现代化考核指标，促进新型职业农民培育上台阶。今年，新型职业农民培育专项将纳入中央财政项目绩效管理，绩效考核结果与下年度任务和资金分配挂钩。各地要实行分级管理、分层负责、分类考核，加强对项目资金的监管审计，强化绩效管理的引导监督作用，提升工程项目的管理水平。

四、健全农广校体系，为新型职业农民培育提供坚强支撑

今年中央1号文件提出，健全农业广播电视学校体系，定向培养职业农民。这是中央立足当前农业农村经济发展和新型职业农民培养作出的重大决策部署，明确了农广校体系建设目标，确立了农广校在新型职业农民培育中的重要地位，为全国农广校体系发展指明了方向、提供了依据。

近年来，在新型职业农民培育中，农广校体系开展了大量的摸底调查、建档入库、师资遴选、认定管理、跟踪服务等基础性工作，承担了全国

50%以上的新型职业农民培育工程培训任务，是定向培养新型职业农民的主渠道、主力军。但是，也应清醒看到，各地发展不平衡，有些地方（地区）农广校体系在机构职能、教学条件、教师队伍、基地建设等方面还很薄弱，与中央健全农业广播电视学校体系的要求有较大差距，与新型职业农民培育工作的需求不相适应。各级农业部门要站在现代农业发展的全局高度，充分认识健全农广校体系的重要性和紧迫性，把加强农广校体系建设作为新型职业农民培育的重要抓手和紧迫任务，摆上日程，列入计划，抓出成效。各级农广校要牢固树立有为才有位的思想，以只争朝夕的精神，抓住机遇，争取支持，健全体系，增强实力。

第一，要着力加强农广校机构建设。各级农业部门要认真落实中央部署要求，积极争取当地政府和有关部门支持，加强机构职能建设，赋予农广校培育基础工作职能、教育培训统筹职能和认定管理事务等承办职能，把农广校建设成为新型职业农民培育专门机构。没有建立农广校的，要尽量单独建立农广校，或依托农口部门的公益性事业单位建立农广校（农民科技教育培训中心）；农广校力量薄弱的，要强化工作职能，加强人员队伍和条件能力建设，充实人员编制，改善教学条件，提升协同培育能力；农广校基础较好的，在履行好专门机构职能外，要指导其承担更多的教育培训任务，巩固主体地位，提升发展能力。在当前事业单位改革大局中，各地要抓住机遇，主动谋划争取，进一步强化农广校的公益性定位，努力做到"三个不变"，即农广校（中心）由农业部门主管的体制不变、公益性事业单位的性质不变、独立设置的办学格局不变。

第二，要切实加强农广校队伍建设。这是当前农广校体系建设最紧迫的任务，各级农业部门要支持农广校重点建设好三支队伍。一是要建立敢于担当的校长队伍。选派综合素质过硬、勤奋务实、勇于开拓的干部担任校长，选齐配强校级班子，加强校长培训，提升能力水平，打造适应新形势新任务新要求的新农广管理团队。二是要建立高效精干的专职教师队伍。健全选聘管理制度，完善考核激励机制，强化知识更新培训，打造高水平的专职教师队伍。三是要建立类型多样的培育师资库。遴选科研院所、高等院校、推广机构专家教授和技术人员、企业管理人员、优秀农村实用人才等加入新型职业农民培育师资队伍，依托农广校建立新型职业农民培育师资库，供本地区各培训机构统筹使用。入库师资的专业要涵盖当地主导产业，满足农业生产、经营、管理、销售、融资等各个环节的需求，确保农民有需要就能请到人、讲得清。要强化入库师资的动态管理考核，建立能进能出的良性运转机制。

第三，要大力加强农广校条件建设。这是学校发展的根本保障。各级农业部门和农广校要积极争取当地政府和有关部门支持，加大资金投入力度，加强基础设施建设，提升教育培训能力。要改善教学条件，充实设施设备，加强信息化建设，积极对接"云上智农"职业农民信息系统，要与"农技推广服务信息系统"或"移动农技"衔接，开发地方特色优势教学资源，强化教学资源传播利用，把农广校建设成新型职业农民教育培训基础平台，为农民提供灵活便捷、智能高效的信息资源服务和在线教育培训。支持鼓励农民合作社、农业产业化龙头企业、家庭农场等新型农业经营主体依托主导产业，建立农民田间学校，将其建成新型职业农民实训基地，强化管理，统一命名，规范挂牌，发挥作用，努力打造农业部门和农广校体系在基层看得见的影响力。

第四，充分发挥农广校定向培养职业农民的主体作用。各级农业部门要发挥好农广校在培养新型职业农民中的组织协调、服务支撑作用，明确和支持农广校做好培育需求调研、对象库建立、学员选派等基础性工作，参与培训组织实施、培训过程管理、效果考核评价等关键性工作，负责受理审核、建档立册、证书发放、信息库管理等事务性工作，对接农技推广机构做好跟踪服务工作，使农广校成为新型职业农民培育的专门机构。各级农广校要发挥新型职业农民教育培训的主体作用和基础平台作用，围绕新型农业经营主体带头人轮训计划和现代青年农场主培养计划，制订教学计划，配齐师资队伍，开发教学资源，开展形式多样、丰富多彩的教育培训，提高培训质量和效能。

同志们，新形势意味着新机遇，新阶段意味着新起点。新型职业农民培育目标明确、任务艰巨、责任重大、使命光荣，让我们紧密团结在以习近平同志为总书记的党中央周围，开拓创新，积极进取，真抓实干，再创佳绩，把新型职业农民培育打造成民心工程、德政工程，为发展现代农业和全面建成小康社会作出新的更大贡献！

2013年11月16日农业部副部长、中央农业广播电视学校校长张桃林在全国农业广播电视学校体系建设工作会议上的讲话

同志们：

全国新型职业农民培育试点工作经验交流会议刚刚结束，我们就立即组织召开全国农业广播电视学校体系建设工作会议，具有很强的针对性，非常及时和必要。如果说全国新型职业农民培育经验交流会在农民教育培训史上具有里程碑意义，农广校体系建设工作会议也将会在农广校发展史上留下重重的一笔。这次会议的主要任务是，认真学习贯彻韩长赋部长在全国新型职业农民教育试点工作经验交流会议上的重要讲话精神，深入总结交流农广校体系建设的好做法好经验，进一步研究部署贯彻落实《农业部关于加强农业广播电视学校建设加快构建新型职业农民教育培训体系的意见》，即农业部农科教〔2013〕7号文件的具体举措，提高认识、统一思想、明确任务、狠抓落实，全面加强农广校体系建设，努力建设一支可以依托的农民教育培训主体队伍。刚才6位同志分别代表主管部门和农广校发言，介绍了重视和加强农广校体系建设的经验做法，很有启发和借鉴意义，值得学习推广。

这次会议，我们请农业行政主管部门领导、省厅科教处负责同志和各省级农广校校长一起，共同研究加强农广校体系建设问题，这本身就是工作理念、工作思路和工作机制的创新，充分体现了农广校的建设、发展和作用的发挥，不仅是农广校自身的职责，也是主管部门的责任，这是农广校在新型职业农民教育培养中的主体地位所决定的。面对培养新型职业农民的繁重任务和全新要求，教育培训需要加强标准化、规范化建设，实施主体需要加强专业化、规范化和现代化建设。只有这样，构建"一主多元"的新型职业农民教育培训体系才有主体依托，多元化的教育培训资源才能更好地协同发挥作用。在这个基础上，通过机制创新，进一步扩大教育培训覆盖面，强化多样性和针对性，新型职业农民教育培训才能更加上水平、可持续。

下面我讲三点意见。

一、高度重视主体建设，切实增强构建新型职业农民教育培训体系的责任感和紧迫感

大力培育新型职业农民，培养壮大现代农业生产经营者队伍，是关系农

业长远发展特别是现代农业建设的根本大计和战略举措。面对规模大、类型多、要求高、时间紧的新型职业农民培养形势和任务，我国农民教育培训体系不健全、主体力量不强、社会资源分散的矛盾日益突出，迫切需要加强主体建设，强化基础依托，构建新型体系。

（一）培育新型职业农民必须教育培训先行

新型职业农民培育试点工作开展一年多来，我们形成了一个基本共识，就是要建立教育培训、认定管理和政策扶持相互衔接配套的制度体系。通过系统、规范和持续的教育培训，提高现代农业生产经营者的能力素质；通过分型分类分级认定并实施动态管理，明确职业农民的标准条件和责任义务；通过有针对性的差异化政策扶持，调动职业农民务农种粮和发展现代农业的积极性，三项制度系统配套、相辅相成、缺一不可。其中教育培训是基础，我一直讲，发展农业生产力，完善农业生产关系，都必须着力解决好农民这个"人"的问题，特别是他们的素质问题。有同志跟我讲，新型职业农民最鲜明的特征是高素质，我看这说到了关节点上。一个适应现代农业发展要求的新型职业农民，他的自身能力素质要求是比较高的，比如适应农业结构调整选择优势特色产业的发展能力，适应市场变化按需生产的决策能力，适应农业科技进步对新品种、新技术和新装备的应用能力，适应农业规模经营趋势具有集约化、组织化、企业化的管理能力，以及在农业生产经营过程中对随时可能发生的自然风险、市场风险和农产品质量安全风险的应对能力，农产品品牌建设能力，农产品市场开拓能力等。这些能力的获得，有实践摸索，有经验传承，更多的需要靠教育培训。去年的中央一号文件提出大力培育新型职业农民，今年的中央一号文件强调农业职业教育和培训，这是有内在联系的一脉相承，我们要深刻理解和认真贯彻，在培育新型职业农民实践中自觉强化教育培训的基础地位，做到教育先行、培训常在，让农民就地、就近、就紧有好条件学习，确保农民学有所教、学有所用、学有所获，推动实现职业农民的终身教育。

（二）开展教育培训迫切需要构建新型体系

我国现行农业职业教育体系中，务农农民职业教育可以说是一块短板。一方面职业院校农科专业吸引力不强、招生难度比较大。据教育部2012年统计，全国高等职业院校农科专业学生比例仅占1.76%，中等职业学校农科专业学生仅占10.35%，与农业承载的劳动力比例严重失调，而且职业院校毕业生大多不愿回到农村务农创业；另一方面务农农民想学习却没有条件，受经济、生产、时间、地点等因素限制，很难进入传统围墙式的职业院校学习。尤其是农民职业技能培训与农业中、高等职业教育脱节，农业高等职业教育又与农业普通高等教育脱节，难以满足农民多层次、多元化的教育培训需求。

加快农广校体系建设，充分利用农业大学、农业职业院校、农业科研推广等教育培训资源，建立职业培训、中高等职业教育，甚至本科层次教育相互衔接的现代农业职业教育体系是迫切要求也是必然趋势。当前，要坚持以现代农业职业技术技能培训为基础、中等职业教育为主体，建立技术技能培训与中等职业教育相衔接的送教下乡、农学结合、弹性学制教育制度，解决职业农民教育培训的现实需求。同时要抓住机遇，筹划创建现代农业开放大学，在职业农民学历层次上逐步向上攀升，积极发展高职、职业本科甚至专业硕士教育，形成多层次有序衔接、相互贯通的农业职业教育立交桥，构建现代农业职业教育体系，满足职业农民的高层次教育需求。

(三) 新型职业农民培育工作需要专门机构来承担

培育新型职业农民是一项长期而繁重的历史任务，是一项跨行业、跨部门、涉及众多相关影响因素的系统工程，要坚持不懈地抓好、抓出大成效，必须有专门机构专业队伍作支撑，持续推进专业化、标准化、规范化和制度化建设。

首先，从教育培训看，要立足产业培养新型职业农民，根据产前、产中、产后全产业链的生产、经营和管理要求，开展系统培训和职业教育。职业农民教育培养本身就是一门科学，要讲专业性、规律性，必须由专门机构专业队伍来系统研究、谋划和规范实施。要根据生产经营型、专业技能型、社会服务型等职业农民的不同要求，分类型提出培养目标、制定教学计划、确定课程内容及体系、开发教材资源、选择教学路径和方式方法，建立一对一或一对多相对稳定的导师制度，开展学习辅导、生产引导和经营指导，做好全程跟踪服务。

第二，从认定管理看，涉及认定条件、认定标准、认定程序、动态管理机制等内容，需要上联教育培训，决定教育培训制度内容设计；下联支持扶持政策，决定政策覆盖对象群体范围。这项工作的技术性、规范性和操作性要求都很高，需要专门机构专业队伍及时跟踪了解农村劳动力结构变化和职业农民产业分布情况，结合实际分类分级提出职业农民认定条件，科学制定认定指标体系并根据产业发展变化适时进行调整，完善认定程序、认定办法和动态管理内容，建立健全长期稳定运行的信息管理系统和社会监督查询系统，对具备条件的进行认定，对不再符合条件的给予退出，做到公开、公平和公正。

第三，从政策扶持看，涉及土地流转、生产补贴、金融信贷、农业保险、社会保障和技术服务等诸多方面有针对性的政策扶持措施，这本身就是一项综合性政策性很强、要求很高的工作，需要跟踪研究和整体的配套设计，需要沟通协调和争取支持，需要兑现落实和评估调整，必须专门机构、专业队伍来承担。从试点工作实践看，充分发挥农广校、农民科技教育培训中心专门机构专业队伍作用的试点县，试点工作特别是基础工作、制度建设都比较扎实有效，为职业农民培育工作全面展开和持续推进夯实了基础。

（四）现有农广校体系有基础有条件成为主体依托

经过33年的改革发展，全国农广校体系基本形成了中央、省、市、县四级建制农广校和乡村教学点五级办学体系，已经成为农民教育培训的专门机构专业队伍，在我国农民教育培训和农村实用人才培养中发挥着主渠道、主阵地和主力军作用。

第一，有基本健全的办学体系。目前全国农广校体系共有各级校2 600所，包括1所中央校，36所省级校，319所地市级校、覆盖率89%，2 244所县级校、覆盖率83%。依托农广校建立的各级农民科技教育培训中心2 270个，包括1个部级中心，35个省级中心、覆盖率97%，314个地市级中心、覆盖率98%，1 920个县级中心、覆盖率86%。这样一个自上而下广覆盖的体系，非常难得、十分宝贵。如果没有这个体系基础作为主体依托，我们很难想象如何构建新型职业农民教育培训体系。

第二，有基本完善的办学层次。农广校始终坚持农民职业培训与职业教育并重，基本形成了完善的多层次办学格局。截至2012年年底，累计开展农民实用技术培训3亿人次、绿色证书培训1 193万人、阳光工程培训1 054万人、中等学历教育456万人、中专后继续教育17万人、合作高等教育69万人。自2006年起实施农村实用人才培养"百万中专生计划"，主要针对务农农民开展中等职业教育培养职业农民，共招生92万人。

第三，有十分丰富的教学资源。一是坚持贴近农村、贴近农业、贴近农民的办学特色，围绕农业农村经济社会发展需求，形成了以农科为主的专业门类和课程体系。二是积累了一大批优质教学资源。中央校开发的在版文字教材416种，每年制作电视教学节目240小时、广播教学节目520小时、多媒体教学课件511个。将来还要向精品化、品牌化方向发展。三是建立了专业化师资队伍。中央校从高等院校、科研院所选聘了近500名专家，建立了学科齐全的专任教师师资库，为专业建设、课程开发提供了保障和支撑；全国农广校体系建立了7万多人的专兼职教师队伍，基本保证了一线教学、辅导和实践实习指导需要。四是建设了一批实训基地。基层农广校结合办学实际，与农业园区、农业企业、农民合作社等联合，多渠道、多形式建设实践教学基地，探索园校合作、企校合作、社校合作的培养模式。

二、全面加强农广校体系建设，巩固提升我国农民教育培训服务能力

韩长赋部长昨天对加强教育培训体系建设作出了总体部署，明确了农广校的建设方向和内容，要求把农广校建设成一支可以依托的主体培训队伍，同时依托农广校建立健全各级农民科技教育培训中心，搭建专业化、多元化的新型职业农民培育基础平台。各级农业行政主管部门和农广校要深刻领会，抓住机遇、争取支持，以贯彻落实农业部7号文件精神为契机，全面加强农广校体系建设。

（一）找准问题，坚定信心

总的看，构建新型职业农民教育培训体系有较好基础，已形成了一个基本轮廓和雏形，目前主要的短板还是农广校建设没有跟上，各地发展不平衡。一是办学体系不够健全。全国还有40个地（市）和近500个有农业的县（市、区）没有农广校；一些地方撤并农广校的问题比较严重，地（市）级校非独立办学的有79所，县级校非独立办学的有468所，分别占总数的1/4和1/5。有的省全省基层农广校始终建不起来，还有的省地（市）撤并农广校问题比较严重等。农广校的不健全和削弱，必然影响新型职业农民教育培训体系的有效构建。二是条件建设滞后。全国县级农广校办学水平评估显示，条件相对比较好的1 400多所A级校和B级校，也不同程度存在设施设备不足和老化陈旧问题，我们在用20世纪90年代甚至80年代的设施设备培养21世纪的职业农民；400多所C级校和D级校，基本是没有办学场地、缺设备。三是办学队伍能力亟待提升。专职教师数量不足，结构不合理、"双师型"教师短缺，基层校长队伍的开拓创新能力、管理水平与事业发展要求不相适应，兼职教师队伍建设也需要进一步加强等。

为解决这些问题，今年7月，农业部专门印发农科教发〔2013〕7号文件，提出了明确要求，各地采取了一些积极措施，取得了初步成效。但一些

地方在贯彻落实中还存在思想认识不到位、沟通协调不到位、具体措施不到位等问题，没有从大力培育新型职业农民和发展现代农业的高度和全局上，充分认识加强农广校建设的重要性和紧迫性。有的地方觉得农广校条件差、人员力量弱，建设难度大，信心不足；有的地方认为没必要建设农广校，可以直接利用其他资源。对此，我们必须要提高认识、统一思想。受此启发，一方面要解放思想，另一方面要因地制宜。这让我联想到农技推广体系建设，要保证有人有机构有条件。让农民满意，是考验我们智慧、能力和勇气的重要方面。要想方设法争取资金、争取政策、给任务、压担子，为农广校建设创造条件。我们一定要看到，在加快发展现代农业和加强农业社会化服务体系建设中，国家和各级都在加大投入力度，加强农广校建设正当其时，构建新型职业农民教育培训体系势在必行。

（二）明确目标，突出重点

农业部7号文件明确提出，要以增强教育培训服务能力为核心加强各级农广校建设，这是农广校性质和承担的任务所决定的。农广校建设的目标是，力争在5年内实现全国所有地（市）和农牧业县（市、区）农广校或农民科技教育培训中心全覆盖；积极争取各级专项支持，农广校空中课堂、固定课堂、流动课堂和田间课堂一体化建设基本配套，全面改善县级校设施条件；加大实训基地建设力度，县级校（中心）实训基地覆盖率达到100%；专兼职教师队伍扩大到10万人以上，"双师型"教师比例达到80%以上；各级校长（主任）和办学人员队伍实现全员培训，办学能力得到全面提升。为此，加强农广校建设要着力把握以下四个重点。

一是进一步完善办学体系。要保持农广校相对独立完整的办学体系。没有农广校建制的，或者原来有但被不合理撤并和挤占的，要通过整合资源、创新体制机制，争取建立或恢复农广校和农民科技教育培训中心，一时难以建立农广校的也要保证设立农民科技教育培训中心。

二是强化公益性职能定位。农广校是我国农民教育培训公共服务机构，是公益性农业社会化服务体系有机组成部分。在国家和地方教育体制改革和事业单位分类改革中，各级农业部门要主动加强协调，确保农广校（中心）由农业部门主管的体制、公益性事业单位的性质、独立设置的办学格局。要在机构设置、职能定位、岗位编制、人员聘用、管理体制、运行机制等方面形成一整套制度规范，强化职能建设。在农业行政主管部门领导下，承担农民教育培训统筹规划、综合协调和指导服务职能，把农广校（中心）办成当地农民教育培训的研究中心、指导中心、服务中心和宣传推进中心，受委托承办新型职业农民认定管理工作。

三是着力改善办学条件。中央校要抓紧编制全国农广校空中课堂、固定课堂、流动课堂和田间课堂一体化建设规划，各地要积极争取加大投入，加快推进农广校现代化进程。今年部里为100所A级校配备了农业科技入户直通车，明年计划将农业科技入户直通车项目主要调整为新型职业农民流动课堂项目。中央校要尽快制定各级农广校建设规范，在机构设置、人员编制、职能任务、设施条件、办学机制等方面提出最基本要求，推进规范化、标准化建设；各省、市、县都要相应制定建设规范，越往下应越具体，要求应更高。同时要建立评估机制，定期开展督导检查评估，以评促建、以评促改、以评促管，通过建设不断加强，通过规范不断完善、不断提高。

四是加强办学队伍建设。教师是提高办学质量的核心和关键。实施体系队伍建设工程，以提升能力为核心，对校长、教学管理人员、专兼职教师分级开展轮训。要通过课堂理论与实训基地培训相融通，培养一支既有理论会讲课，又有技术能动手的"双师型"教师队伍；要注重把一线农业科技推广人员和农村致富带头人充实到兼职教师队伍中去，改善教师队伍结构，加快建立兼职教师师资库和农民教育培训导师制度；加强校长队伍建设，校长是一个学校的灵魂，有一个好的校长，就有好的理念，就可以建设一支好的队伍，形成一套好的管理理念，凝聚一支好的力量。因此，校长队伍建设是重中之重，要努力打造一支思路清晰、勇于开拓、想干事、能干事、干成事的高素质校长队伍。

(三) 教学为本，服务为重

教学是农广校的立校之本，服务于新型职业农民培养是农广校的中心任务。必须发扬"钉钉子"精神，要切实发挥农民科技教育培训主渠道主阵地作用，统筹各类教育培训资源，协调、汇聚、集成各方面力量，形成大联合、大协作、大教育、大培训格局，实施分类、分层，多目标、多样化的教育培训。

一要大力发展农民职业教育。积极开展务农农民中等职业教育，面向具有初中及以上文化程度的现代农业生产经营者，通过开设家庭农场生产经营等新兴专业，重点培养生产经营型职业农民；通过增设家庭规模生产经营等新兴课程改造传统农科专业，兼顾培养专业技能型和社会服务型职业农民。继续推进中专后和合作高等教育，培养高层次农业职业技能人才。促进职业培训、中职教育、高职教育乃至本科及以上层次职业教育的相互衔接，开展多层次的职业教育。

二要深入开展农民职业培训。改变以往单一的普及性培训或简单的"一事一训"培训方式，特别是农业职业技能培训和农业创业培训，要以培养新型职业农民为重点，分产业、分类型进行经常性、系统性、全程性培训。对生产经营型职业农民，要立足特色优势产业，按产业开展技术技能和经营管理"一点两线"全程分段式系统培训。对专业技能型和社会服务型职业农民，要结合工种和岗位实际需求，以熟练掌握技术技能和提高岗位服务能力为目的开展有针对性的培训。要严格按照培训指南和培训规范，确保培训质量和培训效果。尤其要强化培训管理，凡是整合利用农技推广机构、农机校、农民专业合作社等相关资源开展培训的农广校，要严格落实培训环节，牢牢抓住质量这条生命线，保质保量完成培训任务。

三要加大教学改革的力度。在教育内容上，要紧跟产业发展要求和农民实际需求，创新教学课程体系，改专业教学为产业教学，依据农时季节和农业关键生产经营环节，针对关键技术和核心能力对教学内容进行重新构建，减少理论增强实操，突出技能训练和能力培养。在教育方式上，要尊重农民意愿、适应农民生产生活规律和学习特点，改农民进校门为教师到家门，采取送教下乡、农学结合等灵活方式，方便农民结合生产就地就近就需学习。在质量评价上，要立足生产经营实际，将理论考试、实践考核和生产经营考察结合起来，建立一套科学合理的考核指标体系，从一次性单一结果检验转为过程检验与结果检验相结合，把农民接受教育培训后的实际生产经营效果也作为衡量人才培养质量的重要指标。

四是搭建基础平台做好公共服务。以新型职业农民培育工作为重点，切实发挥各级农广校（中心）职能作用和服务功能，上联政府及教育、财政、农业等行政部门，横联农业职业院校、科研院所、农技推广机构、企事业单位，下联专业大户、家庭农场、合作社等新型经营主体，推动共建共享、互联互通和协作协同，形成大力培育新型职业农民的工作合力和良好氛围。

三、切实强化组织领导和投入保障，努力开创农民教育培训新局面

大力培育新型职业农民是当前和今后一个时期我国农民教育培训的中心任务和重点工作，各级农业主管部门和农广校要强化责任意识，切实增强抓落实、见成效的主动性和自觉性。

一要切实加强领导和指导。各级农业行政主管部门要切实加强对农广校工作的组织领导，把农广校各项工作纳入当地农业农村经济发展规划，列入农业部门工作计划、摆上议事日程，要像抓农技推广体系改革建设一样，下大力气抓好农广校体系建设。要进一步健全联合办学的领导体制机制，建立抓落实的绩效考核责任机制。要加大工作推进力度，着力完善工作机制，健全工作体系。积极争取地方党委、政府和有关部门的支持，建立农民教育培训和农广校工作联席会议制度，及时研究解决农民教育培训及农广校建设发展和作用发挥等重大问题。各省厅科教处要与省农广校密切协作，在领导中加大扶持，在指导中加强服务，全力支持农广校开展各项工作，要把办好用好农广校纳入目标管理和绩效考核的工作要求。各地要根据当地实际，重视和加强对农广校（中心）的领导指导，主管部门的主管领导和科教部门的负责同志可以兼任农广校（中心）相关领导职务，进一步理顺关系，加大工作力度。

二要积极争取加大投入。农业部农科教发〔2013〕7号文件下发后，部党组高度重视，部科教司、中央农广校与发展计划司、财务司一起，与国家发改委、财政部、教育部等部门积极沟通协调，争取农民教育培训及体系建设重大工程项目，推动新型职业农民中等职业教育国家资助政策出台。各级农业行政主管部门也要积极争取当地政府的支持，将农广校纳入财政全额预算管理单位，安排专门工作经费，完善与办学要求相匹配的公益基础设施和公共服务条件，落实农广校公益性农民教育培训财政预算经费，保证各类重点培训工程项目的优先安排及重点支持。

三要积极营造良好氛围。各级农业行政主管部门要深入总结新型职业农民教育培训体系建设的有效方法和实现途径，总结宣传基层的好做法好经验，在全社会大力营造重视农民教育培训、支持农广校发展的良好氛围。各级农广校要通过多种渠道特别是主流媒体，有计划有组织地开展农民教育培训，特别是新型职业农民和农村实用人才培养重要性、构建新型职业农民教育培训体系紧迫性、农广校地位作用尤其是办学成效贡献的全方位宣传。要大力营造爱农重农强农的社会风尚，增强农业农村吸引力，让更多的农民成为高素质的新型现代职业农民。

同志们，新型职业农民培育事关现代农业建设和农业农村社会发展全局，我们要抓住机遇、勇于创新、敢于担当、齐心协力加强农广校建设，加快构建新型职业农民教育培训体系，推进我国农民教育培训事业再上新台阶。

2012年12月14日农业部副部长张桃林在全国新型职业农民培育工作试点启动暨研讨班上的总结讲话

同志们：

全国新型职业农民培育试点工作经验交流会，在与会代表的共同努力下，利用两个半天圆满完成各项议程。大家一致反映，会议主题鲜明、内涵丰富、重点突出、简洁高效，起到了统一思想、提高认识、明确任务、凝聚力量的目的。会议安排6个单位从不同层面、不同角度介绍了试点工作的好经验好做法，值得学习借鉴，也很受启发。尤其是韩部长亲自参加会议并做了重要讲话，使我们深受鼓舞、信心倍增。韩部长的讲话高屋建瓴、总揽全局、深刻透彻，站在四化同步和城乡一体化发展的高度深刻阐述了培育新型职业农民的重大意义，提出了以制度体系建设为核心的重点任务，就全面推进新型职业农民培育工作提出了明确要求，对于我们进一步深化认识、把握重点、强化措施，加快推进试点工作，积极探索中国特色农民职业化道路具有重要指导意义。

刚才，5位组长分别将各组讨论情况作了通报，提出了许多很好的意见和建议，会后科教司要进一步认真梳理，逐一分析吸纳落实到工作中。下面，我结合韩部长的讲话精神、试点工作进展情况及大家讨论中提出的意见和建议，就如何贯彻落实会议精神，深入推进新型职业农民培育试点工作，讲三点意见。

一、上下联动，合力推进，试点工作取得明显成效

中央提出大力培育新型职业农民，既是立足当前农村劳动力结构性变化对农业生产的不利影响，着力解决"谁来种地"的现实问题，又是着眼长远适应现代农业发展需求，稳定和壮大农业生产经营者队伍的重大部署。农业部党组对此高度重视，采取了一系列措施部署落实，去年8月印发《全国新型职业农民培育试点工作方案》，选择100个县启动试点工作。今年初，全国农业科教工作视频会把新型职业农民培育确定为农业科教工作的三大工程加以推进，韩部长多次批示要抓实、抓好、抓出大成效。农业部成立了专家咨询组，联合中央农广校开展重大问题课题研究，印发了试点工作指导意见和加强农业广播电视学校建设、构建新型职业农民教育培训体系的意见。积极加强与教育部沟通联系，研究制定了《中等职业学校新型职业农

民培养方案》和《新型职业农民接受中等职业教育的资助办法》，争取将农民中等职业教育纳入国家助学政策体系。总体看，农业部积极从政策、条件和环境等方面持续加强指导和支撑，各级地方政府和农业部门认真落实工作要求，紧紧围绕构建"三项制度"的目标任务，强化组织领导，加大投入力度，营造工作氛围，试点进展顺利，成效明显，形成了上下联动、合力推进的良好工作格局。

一是探索了教育培训的有效模式。各地坚持教育与培训双轮驱动，围绕建立教育培训制度长效机制，从培训目标、培训对象、培训内容、培训路径等方面大胆探索、积极实践，涌现出大量生动典型。如陕西省安康市抓住全省实施"职业农民塑造工程"的有利契机，整市推进新型职业农民培育工作，发挥全市农广校体系和农技推广部门作用，依托农民合作社、农业园区和农业龙头企业等新型经营主体，面向专业大户、家庭农场经营者、青壮年农民，按照产业分类开展综合素质系统培训，探索形成了"忠诚模式""隆科模式""阳晨模式"；重庆市实施"万名新型职业农民培育工程"，充分发挥农业院校和农广校等教育培训机构优势，以提高职业技能和经营管理水平为主要任务，大力培养具有初中以上文化程度，年龄在50岁以下的专业大户，家庭农场主和农民合作带头人，同时，从大专院校在校农科学生中，选择具备条件的农村学生开展为期两年的定向培养，为农业企业输送高级经营管理人才，政府和企业共同出资培养企业员工，探索不同的培育培训模式；福建省实施"万名新型职业农民素质提升工程"，选送具有一定产业发展规模的青年农民到农业大学和职业院校接受3年系统教育培训，农业院校根据学员产业设计专门课程，采用面授、函授、网络教学和实地现场指导相结合开展教学，得到参训农民普遍欢迎。宁夏回族自治区建立培训代金券制度，让农民根据产业需求选择培训内容等。各地开展教育培训的创新做法，有效提升了从业农民的综合素质，为当地产业发展提供了有力支撑。

二是形成了认定管理的基本思路和方法。认定管理是衔接教育培训和政策扶持的关键环节，各地围绕认定主体、认定标准、认定程序、管理服务等内容进行了有益探索。如四川省通过推行资格证书、实行动态管理，建立人才库等试点工作，探索形成了一套适合四川农业农村实际的认定管理制度，拟出台全省新型职业农民认定管理办法，按类型、产业、规模、带动作用等标准开展认定管理，全省统一颁发证书；山东省招远市新型职业农民培育工作领导小组在对全市果业种植户的种植规模、文化程度、收入情况、年龄等基本情况深入调查基础上，按照初、中、高三个级别进行认定，初级职业农民经认定后,可继续参加教育培训,争取认定为更高一级的新型职业农民,认定后颁发新型职业农民资格证书;湖北省武汉市东西湖区,根据新型职业农民的产业类别、规模大小,分三个层级制定培训考核标准,对考核合格者统一颁发证书,对确定的新型职业农民教育培育对象,统一悬挂"新型职业农民培育户"的牌匾,既增强了新型职业农民的荣誉感和责任感,又充分发挥了他们的示范带动作用。山西省晋中市榆次区农委建立新型职业农民数据库和信息管理系统,在培训认定的基础上,将进入和退出的动态监管贯穿管理全过程。这些认定管理的思路和方法,对于各地很有借鉴价值。

三是创设了一批有针对性的扶持政策。制定支持新型职业农民发展的扶持政策,是吸引更多农民从事农业,争当职业农民的重要举措。各地在试点中,注重整合集成现有惠农政策,因地制宜积极创设新政策,成效十分明显。如江苏省太仓市与农业职业院校合作,"订单"培养农村初高中毕业生,学费由市政府全额资助,学员毕业后统一安排到学生所在地的村镇农场工作,享受村干部副职待遇,有稳定的工资收入,并纳入社会保障;四川省成都市对农村经纪人领办、新办的农业生产基地,符合设施农业补贴政策的,在同等条件下享受上浮10%的补贴政策优惠,其中对开展农业循环经济和种养结合的,享受上浮20%的补贴政策,并在土地整理和道路、水利等基础设施建设上优先给予立项和扶持。湖南省平江县制定了新型职业农民政策扶持办法,出台了水稻、生猪、农机政策性补助资金向新型职业农民倾斜的具体规定和操作办法,整合5个农业项目共700多万元向新型职业农民倾斜,发放惠农政策资金210多万元,优惠贷款1 200多万元。陕西省靖边县对养羊农民给予"九免十七补"政策。福建长汀县政府设立促进农业规模经营贷款担保基金,给予新型职业农民10万元以下担保贷款及补贴银行利息的50%等。这些政策含金量高,对于促进新型职业农民成长发展具有很强的针对性。

通过一年多的试点探索,在各级人民政府的组织领导下,在农业、财政、教育、人社、土地、金融等部门的共同努力下,新型职业农民培育工作取得了显著成效,结出了丰硕的果实。中华农业科教基金会评选资助了首批100名新型职业农民,他们是全国优秀职业农民的代表,应该得到社会各界的尊重和鼓励。

二、查找不足,理清思路,着力解决突出问题

试点开展一年多来,在各地各部门共同努力下,各项工作扎实推进,涌现出了一批先进典型，达到了试点探索的预期目的。但同时我们也要看到工作中的不足和问题，培育新型职业农民是一项基础性、长远性、系统性、创新性工程，涉及多因素、多部门、多行业，不可能一蹴而就，需要开阔思路、创新思维、增强合力、反复实践，不断总结实践中正反两方面经验，才能逐步找到一条适合我国国情的职业农民发展道路。从部里多次调研反馈的情况看，目前仍有一些较为突出的问题。

一是认识不到位，重视程度不够。部分省对培育新型职业农民重大意义认识不足，认为农民教育培训的问题周期长、见效慢，等一等、放一放无所谓，说起来重要干起来不重要，在工作摆布上还没有把新型职业农民培育工作放在突出位置。少数试点县还存在等、靠、要的思想，把参加试点作为获取项目和经费支持的手段，目光比较短浅、行动裹足不前，试点方案提出的很多工作要求还没有完全落实到位。

二是机制不健全，没有形成合力。少数试点县还没有建立多部门参与的工作机制，有的试点县虽然成立了工作领导小组，但各部门职责不明确、分工不清晰，分工合作的工作机制不健全，农业部门单打独斗的现象比较突出。

三是措施不给力，制度建设滞后。教育培训上，有些地方将过去的实用技术培训或技能培训换个概念就成为新型职业农民培训，"旧瓶装新酒"，农民群众不满意。有些地方不同程度地存在培训对象把握不准，与产业发展脱节，培训内容针对性不强，培训过程不规范，师资队伍力量不强，教材选用随意的问题。认定管理上，认定主体不明确，职责划分不清晰，对于认定标准如何确定、认定后怎么管理、与教育培训和扶持政策如何衔接，考虑得不周密。扶持政策上，对于现有政策的整合集成力度不够，很多已有的惠农政策未能及时向培养对象倾斜，同时，突破性扶持政策创设不多，对于争取涉及其他部门的新政策创设存在畏难情绪，片面强调农口部门弱势，协调工作多、难度大，主观能动性没有充分发挥，还缺乏啃硬骨头的精神。

针对上述问题，我认为主要是思想认识和工作方法上的原因，为此，我在这里强调两点。

一是要进一步统一思想，提高认识。党的十八大提出了"两个百年"奋斗目标，四化同步发展和城乡一体化建设为培育新型职业农民带来难得的历史机遇，抓好这项基础性工作、创新性工程，对现代农业发展至为重要。抓培育新型职业农民工作就是抓农业农村经济工作，抓培育新型职业农民就是抓住了破解三农问题的主要矛盾。各地农业部门要把培育新型职业农民作为贯彻党的群众路线和改善民生的高度来认识，化为具体行动，并摆在农业农村工作更加突出的位置，一把手要亲自抓、亲自过问，高度重视。

二是要进一步理清思路，加大工作力度。韩部长昨天的重要讲话对试点以来取得的经验进行了高度概括：坚持政府主导、部门协同，努力形成工作氛围；坚持立足产业、结合实际，着力培育经营主体；坚持政策创设、机制创新，积极探索培育制度；坚持农民主体、需求导向，充分激发内生动力。这些经验，既是我们一年多来探索实践得到的宝贵启示，更是指导下一步试点深入开展的行动指南。培育新型职业农民要与产业发展相结合，根据当地主导产业实际需要和农民实际需求有的放矢地进行培育；要与培育新型经营主体相结合，要在专业大户、家庭农场、农民合作社、农业龙头企业、农业社会化服务组织发展中培育，与国家强农富农惠农政策相统一；要建立多元化的教育培训体系，既要注重发挥农广校、农民科技教育培训中心的主力军作用，也要注重发挥农业科研单位、涉农院校、农技推广部门的重要作用，让职业农民在系统的教育培训中持续成长。

培育新型职业农民是开创性工作，没有现成模式照搬，需要各地立足实际探索试验。试点时间已经过半，存在上述问题的试点县要对照这次经验交流会上的典型找差距、找原因、找办法，争取迎头赶上。

三、突出重点，狠抓落实，努力开创培育工作的新局面

这次会议后，与会代表要及时向上级部门和领导汇报会议精神，各单位要认真传达学习，全面领会和准确把握精神实质，切实把思想和行动迅速统一到韩部长的重要讲话精神上来，统一到这次会议各项要求上来，全面筹划、部署、组织好今后一个时期新型职业农民培育工作。

一是要加强理论研究。要广泛凝聚各方面力量，切实发挥专家咨询组的作用，深入开展理论研究，不断总结实践经验，吸收借鉴达国家成功经验，强化顶层设计，根据农村劳动力发展变化趋势和现代农业发展要求提出适合国情的新型职业农民培育路径和制度体系。要通过持续的理论研究，制定发展规划，为建立教育培训、认定管理和政策扶持的培育制度体系提供强有力的理论、技术支撑。

二是要积极争取政策和资金投入。要继续争取农民接受中等职业教育国家助学和免学费政策，完善新型职业农民中等职业教育人才培养方案。对农村劳动力培训阳光工程进行转型升级，要深入研究，多与财政部门沟通协调，争取理解和支持，使阳光工程项目能够全面支撑新型职业农民培训工作。最近，财政部已经提前预拨了各省 2014 年阳光工程部分资金，这为我们明年的工作开展创造了条件，各省要结合新型职业农民培训工作，充分借鉴先进经验，提前谋划好明年项目实施工作。同时，各地要注意避免出现资金的"挤出效应"，科学合理划分农民培训的事权，争取更大的资金支持。

三是要切实加强培训工作。要根据现代农业发展要求，分产业、分区域制定新型职业农民培训规范，从培训目标、课程设计、教材建设、师资建设、考核评价等方面进行系统设计和规划，积极探索创新教学模式，围绕当地主导产业、结合农时季节、突出关键技术，将课堂教学、实践教学和远程教学配合起来，确保新型职业农民培训质量，建立新型职业农民知识更新长效机制。

四是要充分整合优质培训资源。要整合多方面优质教育培训资源，充分发挥农业广播电视学校、农业院校、农技推广机构、农民合作社、农业龙头企业等机构作用，构建多元化的新型职业农民教育培训体系，保质保量完成培训计划任务。关于新型职业农民教育培训体系问题，我还要在下午的农广校体系建设会上专题讲，这里就不赘述了。

五是强化绩效考核评价。要把培育新型职业农民纳入农业部门绩效考核范围，设计定性与定量结合的评价指标体系，要对年初工作布置情况和年底工作落实情况进行全面考核检查，特别要加强对培训的绩效考评，包括制度建设、培训计划和培训规范实施、教材和师资队伍建设、培训效果、资金使用等，建立奖优罚劣的激励机制。

这次会议在陕西召开，得到了陕西省委、省政府及各有关方面的大力支持。陕西省农业厅等有关部门为这次会议提供了热情周到的服务，为会议的成功召开提供了有力的支持。我提议，让我们以热烈的掌声向他们的辛勤工作和周到安排表示衷心的感谢！

同志们，以这次会议为标志，我们已经开启了新型职业农民培育工作新征程。我们坚信，全国农业科教系统将进一步解放思想、求真务实、开拓创新，以更加饱满的精神状态、更加端正的工作态度、更加扎实的工作作风、更加有力的工作措施，为推进我国农民职业化发展做出新的更大贡献。

谢谢大家！

2015年5月6日曾一春党组成员在新型职业农民和农村实用人才认定工作培训班上的讲话

近段时间，部里开了几个关于人才工作的会议。3月召开了2015年全国农业农村人才工作会议，布置全年的人才工作。4月召开了农业科教工作会议，对新型职业农民培育工作作了安排。前不久，又召开了农业职业技能开发工作研讨会，专题研究农业技能人才队伍开发建设。今天这个培训班，是关于人才工作抓落实的具体举措，主要任务是深入学习习近平总书记关于人才工作的重要指示精神，贯彻中央和部党组关于人才工作的决策部署，进一步研究新型职业农民和农村实用人才认定问题。借此机会，我讲几点意见。

一、从推动现代农业持续健康发展的战略高度，充分认识广泛开展新型职业农民培育和农村实用人才培养的紧迫性

新型职业农民是现代农业的经营主体，农村实用人才是广大农民的优秀代表。新型职业农民和农村实用人才作为从事农业生产经营活动的一线人才，在农业农村经济发展中发挥了重要作用。下一步，迎接新挑战，适应新常态，推进现代农业发展，更要靠科技创新、靠人才驱动。如果不从现在开始着手大规模开展新型职业农民培育和农村实用人才培养，将会影响农业农村经济持续健康发展。这方面工作的重要意义，我们多次讲过，我再从以下三点加以强调。

（一）改变农业劳动者队伍素质现状的迫切要求。现代农业必须要由高素质的劳动者来生产经营。看看我国农业劳动者文化技能素质状况，令人倍感任重道远：一是文化水平整体偏低，初中及以下文化程度的占比高达95%。二是后继乏人，接续力量堪忧。长期以来的农业低效益，种地不如外出打工，普遍出现70后不愿种地，80后不会种地，90后不谈种地。有些村子几乎看不到年轻人，种地的人中70岁以上的占80%。这个现象已引起广泛关注，但问题未从根本上改变。发达国家在第二次世界大战后也有这样的情况，他们通过法律规定保障农业经营者必须获得与其他职业的就业者同等的经济收入，把实现务农劳动者和其他行业劳动者收入均衡列为重要目标。这样做，基本保证了务农农民的素质和就业平衡。

（二）提高农业竞争力的必然选择。我们认识到，在市场经济条件下，任何产业要有竞争力、要发展壮大，都必须有一定的经营规模，制造业、服务业是这样，农业也是这样，这是经济规律，不以人的意志为转移。而当前，我国户均经营土地规模不到 0.6 公顷，属于超小规模。日本一直被认为是农业经营规模很小的国家，但他们户均经营土地 2 公顷，是我们的 3 倍多；英国自营农场的平均规模接近 70 公顷，美国户均经营规模是 162 公顷。我们超小的土地经营规模，要与几倍几十倍于我们的他国"同场竞技"，难度不言而喻。所以加强新型职业农民培育和农村实用人才培养，促进土地资源向高素质劳动者集中，探索适度规模经营，是提高我国农业竞争力的必然选择。去年底中办国办印发了《关于引导农村土地经营权有序流转发展农业适度规模经营的意见》，对发展农业适度规模经营提出了明确要求。如果不搞规模经营，没有一批高素质的种养大户、家庭农场经营者等新型职业农民和农村实用人才，提高农业竞争力将难以实现，中央的决策部署也难以落地生根。

（三）确保农产品质量安全的客观需要。质量安全的农产品，要靠种出来和管出来，基础在"种"。不时发生的农产品质量安全事件，或多或少都与种地农民技术水平不高、质量意识不强有关。拿农药化肥过量使用来说，据湖南某县调查，85%以上的农户不熟悉哪些农药是禁限用农药，近 30%的农户不知道禁限用农药的影响，大部分农户都简单地认为"施药多、产量就高"，还有的农户不清楚国家有关农业投入品使用规定及符合质量标准要求的生产操作规范，几乎没有农户建立生产记录等。这样的农业生产者队伍，对农产品质量安全水平提升带来很大压力。改变这种现象，就得靠"懂"的劳动者进行科学种植、健康养殖、安全用药、合理施肥。不如此，到了"管"的环节，成本大、风险高，不好控制。

这里，我还想说说做好农民教育培训工作，既要立足促进产业发展思考，又要从全局角度思考。提高广大农民的综合素质，包括文化水平、技术技能、职业道德等方面，是一项长期的、艰巨的历史性任务，寄希望一代又一代的新型农民有文化、懂技术、会经营，同时在生产经营和维护自身利益等方面依规讲法、讲法治，还要大力弘扬社会主义核心价值观、传承中华优秀农耕文化。

总的说，培育新型职业农民和培养农村实用人才，是当前"三农"工作比较紧迫的任务，是提高劳动生产率、资源利用率、农业竞争力和可持续发展力的重要举措。但整体看，新型职业农民和农村实用人才队伍建设还存在一些不可忽视的问题。比如办法不多、质量不高，一些地方还停留在找点人简单办个班这样的层次，对培训对象、培训内容、培训方式方法等问题缺乏深入研究；还有扶持政策不配套，农业补贴资金、示范推广项目等相关政策没有整合，在细化落实扶持政策上创新不够。在认定管理上，没有把认定与激励政策配套起来，或是就认定谈认定，失去认定的意义；或是不认定，不区别培育培训对象，"胡子眉毛一把抓"，实效性不强，效果不好。专家认为，认定管理是衔接教育培训和政策扶持的关键环节，认定主体和认定标准应该明确，管理服务应该"把脉开方"，这样才能到位贴切、管用有效。这是目前我们需要研究解决的一个基本问题。

二、建立科学的评价认定制度，为加强新型职业农民和农村实用人才队伍建设夯实基础

实践表明，加强新型职业农民培育和农村实用人才培养，需要建立教育培训、认定管理、政策扶持相互衔接配套的制度体系，其中认定管理是精准定位"人"、衔接配套"物"的基础性工作，是落实"既要见物、更要见人"的重要前提，应切实抓紧抓好。

（一）开展评价认定更好支撑农业产业化发展社会化服务。随着传统农业向现代农业加快转变，农业产前、产中、产后的社会化分工日益细化，农产品生产、加工、流通日益专业化，相应对农民的职业分化提出了明确要求。通过开展新型职业农民和农村实用人才认定，把农民区分为种养殖大户、家庭农场主、农业工人、农业社会化服务人员等不同的职业类别，可以更好地满足现代农业对职业化专业化农民的要求。同时，通过明确认定标准即达到什么条件才算种粮大户、养殖大户，可以借此对当地农业的现状、现代农业内在发展要求以及未来发展趋势进行科学分析，进一步增强现代农业发展目标选择的科学性。

（二）开展评价认定增强教育培训的针对性。教育培训是培育新型职业农民和培养农村实用人才的重要环节。经过多年努力，我国农民教育培训已经取得明显成效。但如前所述，由于新型职业农民和农村实用人才培训面广量大，尚缺乏对培训方式方法、培训需求等与培训质量提升相关问题的系统研究，存在培训笼而统之、大而化之、针对性不强、效果不明显、农民学习积极性不高等问题。通过开展新型职业农民和农村实用人才认定，可以分门别类、分层分级研究农民培训需求，可以有针对性地确定培训的方式方法，建立实际管用的培训制度，提高培育工作效率。

（三）开展评价认定便于落实扶持政策。农业农村人才工作的一条重要经验，就是人才培养要和产业发展相结合。今年全国农业农村人才工作会议提出，要把财政支持产业发展的补贴资金、示范推广项目以及土地流转政策、金融信贷支持等向新型经营主体和农村实用人才倾斜，这就应该明确"谁是农村实用人才""谁是新型职业农民"，也就是要明确政策扶持的对象。做好新型职业农民和农村实用人才认定，具体明确到人，按不同的类型、不同的等级，落实各项有针对性的扶持政策就有了依据。

三、推进新型职业农民和农村实用人才认定工作应注意把握好几个问题

这次培训以后，部里拟下发一个通知，就新型职业农民和农村实用人才认定工作做出安排。在工作中，有几个问题应注意把握好。

（一）新型职业农民和农村实用人才认定要统筹开展，改进完善"绿色证书"制度。2012年，为做好新型职业农民培育工作，农业部启动了新型职业农民培育试点，探索建立教育培训、认定管理、政策扶持"三位一体"的新型职业农民培育制度。2013年和2014年，按照中央人才工作协调小组的统一部署，农业部开展了农村实用人才认定试点工作。两项针对农民的评价认定试点由于缺乏必要的统筹，基层操作起来难以把握，不好推开。经认真研究，我们考虑把新型职业农民认定和农村实用人才认定统一起来，不做重复工作。

新型职业农民和农村实用人才概念上有联系，分类上可合并。应该说，新型职业农民和农村实用人才都是广大农业劳动者中素质较高的群体。这之前，工作上把农村实用人才分为生产型、经营型、技能服务型、技能带动型和社会服务型五类，把新型职业农民分为生产经营型、专业技能型、社会服务型三类。从各类型包含的对象看，农村实用人才中的前三类与新型职业农民的范围大致相同，只是名称略有区别。为了统筹推进认定工作，考虑将新型职业农民中的社会服务型改为专业服务型（主要针对为农业各产业生产经营开展服务的劳动者群体），这样可将农村实用人才分类简化为三类：即新型职业农民、技能带动型、社会服务型。对农业部门而言，当前培养农村实用人才的主要任务是培育新型职业农民，农村实用人才的认定主要是开展新型职业农民认定。

关于认定之后发放证书的问题，可考虑结合改进完善"绿色证书"制度进行。一个方案是对经认定后的生产经营型职业农民颁发新型职业农民证书（即新型绿证），同时鼓励其他两类职业农民获得国家职业资格证书，不再另外颁证，避免"证书"满天飞。大家知道，我国的绿色证书制度从1990年开始试点，1994年在全国范围实施，这项制度在培养农民技术骨干、提高农民科技文化素质中发挥了重要作用，有广泛的群众和实践基础，是具有广泛影响力的农民科技教育培训制度,写入了农业法中。根据新形势、新任务和新的要求,有必要对绿色证书制度进行完善,赋予其新的内涵,使其进一步适应新型职业农民培育工作的需要。

（二）新型职业农民和农村实用人才认定要有所侧重,建立科学的认定标准。农村实用人才认定的重点主要是新型职业农民,新型职业农民认定的重点考虑生产经营型农民,这既考虑到当前认定工作的实际,便于操作、避免重复,也符合当前现代农业发展实际,促进新型经营主体和新型职业农民同步发展。对于专业技能型、专业服务型职业农民,则鼓励他们参加相应国家职业资格鉴定。目前开展认定的地区是新型职业农民培育示范县和农村实用人才认定试点县,在这些工作基础比较好的地方先进行认定探索,可以积累经验,待总结经验后再实现认定工作全面推开更有基础。

认定标准是指挥棒。有什么样的标准,就有什么样的人才。按照围绕产业抓人才的原则,认定标准的制定,一定要充分发挥行业部门的作用。如种植业人才由种植行业提出认定标准,畜牧业人才由畜牧行业提出认定标准。制定的认定标准,既不能过低,也不能过高,要符合当地产业实际、行业发展实际,要科学。认定时,新型职业农民和农村实用人才属于哪一类就申报哪一类,符合哪一级就确定为哪一级,取消人数和比例的限制。注意严格掌握评价标准。同时,加快建立全国新型职业农民和农村实用人才信息库,做好信息采集更新工作,确保工作质量,提高工作科学化水平。

（三）新型职业农民和农村实用人才认定要协调配合,明确具体承办机构。农业部为了抓好人才工作,专门成立了农业农村人才工作领导小组,人事劳动司和科技教育司是主要负责单位。各地方在开展认定工作中,要调动各方面积极性,协调配合,还要加大宣传力度,调动农民参与的积极性。要广泛宣传新型职业农民培育和农村实用人才培养的新举措、新成效,广泛宣传新型职业农民和农村实用人才先进事迹,大力营造有利于新型职业农民培育和农村实用人才培养的舆论氛围。

为了抓好认定工作落实,最好明确一个具体承办机构。各级农广校及依托其建立的农民科技教育培训中心是我国农民教育培训公共服务机构,是公益性农业社会化服务体系的有机组成部分。多年来,农广校系统在加强农民教育培训和农村实用人才培养方面发挥了主力军作用,做了大量工作,积累了丰富经验。各级农业部门要充分发挥农广校（农民科技教育培训中心）在新型职业农民培育中的作用,在农广校（农民科技教育培训中心）健全的地区,可以把农广校（农民科技教育培训中心）作为新型职业农民和农村实用人才认定的承办机构，具体落实评审认定、建档立册、信息录入和证书管理等各项工作，确保工作规范有效开展。

同志们，做好新型职业农民和农村实用人才认定工作，意义重大，任务艰巨。希望大家紧紧抓住全面深化农村改革、加快发展现代农业的历史机遇，因势而谋，顺势而为，攻坚克难，持之以恒，推动认定工作取得扎扎实实的成效。

二、农业部文件

2012年8月1日农业部办公厅关于印发《新型职业农民培育试点工作方案》的通知（农办科〔2012〕56号）

各省、自治区、直辖市及计划单列市农业（农牧、农村经济、农机、畜牧、渔业）厅（委、局、办）：

2012年，中共中央、国务院印发的1号文件《关于加快推进农业科技创新持续增强农产品供给保障能力的若干意见》指出"大力培育新型职业农民"。为贯彻落实1号文件和全国农业科技教育工作会议精神，加快培育新型职业农民，推进现代农业发展，保障国家粮食安全和主要农产品有效供给，决定在全国开展新型职业农民培育试点，探索新型职业农民培育的方法和路径，总结经验，形成制度，推动新型职业农民培育工作健康有序发展。

在各地自愿申请的基础上，我部确定了100个县（市、区）开展新型职业农民培育试点（见附件）。现将《新型职业农民培育试点工作方案》印发给你们，请结合本地实际，按照相关要求，扎实推进新型职业农民培育试点工作，取得实效。

联系人及电话：科教司教育处　邹　萍　010-59193017

农业部办公厅
2012年8月1日

附件：
新型职业农民培育试点工作方案

为贯彻落实中共中央、国务院《关于加快推进农业科技创新持续增强农产品供给保障能力的若干意见》和全国农业科技教育工作会议精神，加快培育新型职业农民，推进现代农业发展，保障国家粮食安全和主要农产品有效供给，农业部决定在全国开展新型职业农民培育试点，推动新型职业农民培育工作健康有序发展。

一、重要意义

当前，我国正处于传统农业向现代农业转变的关键时期，大量先进农业科学技术、高效率农业设施装备、现代化经营管理理念越来越多地被引入到农业生产经营各个环节各个领域。随着工业化和城镇化的快速推进，大批青壮年农民向城镇转移，一些地区农村劳动力存在素质低、老龄化和农业兼业化问题。加快培育新型职业农民，从环境、制度、政策等层面引导和扶持新型职业农民发展，提高其综合素质、生产技能和经营能力，有利于促进现代农业生产经营主体的快速形成，推进专业化、标准化、规模化和集约化的现代农业发展，有利于吸引和留下一批综合素质高、生产经营能力强、主体作用发挥明显的农业后继者从事农业生产经营，实现农业农村可持续发展，从根本上解决我国粮食和主要农产品的有效供给。

二、总体思路、原则和目标

（一）总体思路

根据《关于加快推进农业科技创新持续增强农产品供给保障能力的若干意见》精神，按照全国农业科技教育工作会议部署，紧紧围绕确保国家粮食安全和主要农产品有效供给目标任务，结合当地产业发展实际，以提高农民素质和农业技能为核心，以资格认定管理为手段，以政策扶持为动力，积极探索新型职业农民培育制度，创造有利于新型职业农民培育和发展的良好环境，加强务农骨干农民教育培训，激励有志青年和农科学生从事农业生产经营，推动形成新型职业农民队伍。

（二）基本原则

1. 坚持政府主导的原则。培育新型职业农民应坚持政府主导和统筹协调，明确本地试点工作的具体目标和主要内容，出台相关配套政策和措施全力推进。

2. 坚持稳步推进的原则。培育新型职业农民事关制度创新等重大问题，要充分尊重农民意愿，通过试点试验示范，在取得经验的基础上稳步推进。

3. 坚持自愿的原则。试点工作任务重、要求高，开展试点需要具有一定的代表性、相应的条件和工作基础，有关县（市、区）（以下称"县"）根据实际情况，自愿申报。

（三）主要目标

试点县根据农业产业分布选择 2～3 个主导产业，培育新型职业农民 500～1 000 人，在充分实践的基础上，探索形成本地新型职业农民教育培养模式、认定管理办法和政策扶持意见。

农业部力争通过三年试点，总结各地新型职业农民培育经验，形成教育培养、认定管理、政策扶持等互相衔接配套的新型职业农民培育制度体系，全面推动我国新型职业农民培育工作，造就一支综合素质高、生产经营能力强、主体作用发挥明显的新型职业农民队伍。

三、试点任务

新型职业农民是具有较高素质，主要从事农业生产经营，有一定生产经营规模，并以此为主要收入来源的从业者。新型职业农民培育试点重点要抓好以下三方面工作。

（一）探索新型职业农民教育培养模式

1. 分产业研究提出新型职业农民能力素质要求，围绕产前、产中和产后发展关键环节研究教育培训内容，设置教学培训课程，以阳光工程为依托开展培训，原则上每年培训不少于 15 天；积极创造条件举办农民中等职业教育。

2. 建设新型职业农民教育培训师资库；采取理论与实践教学相结合，产学交替，多形式教育培训职业农民，提高针对性和实效性；建立导师制度，在系统教育培训的基础上，对职业农民开展一对一教学指导和跟踪服务。

3. 结合新型职业农民教育培训需求，组织专门人员编写教育培训教材；加强教育培训条件建设，建立新型职业农民培养基地，培植品牌。

（二）探索制定新型职业农民认定管理办法

1. 根据产业发展水平和生产要求，提出包括知识技能水平、产业发展规模、生产经营效益等为主要内容的新型职业农民认定标准，建立认定程序和个人档案管理制度。

2. 探索与认定制度相配套的新型职业农民准入及退出机制，制定新型职业农民管理办法，对认定的新型职业农民进行动态管理，明确责任主体。

（三）探索建立新型职业农民支持政策体系

1. 针对新型职业农民产业发展需求，研究探索相关扶持政策与职业农民挂钩的机制，将国家、各级政府和相关部门现有农业产业发展支持政策（如土地流转、生产补贴、技术服务、金融信贷、农业保险等）向新型职业农民倾斜。

2. 研究制定本县扶持新型职业农民发展的相关政策措施，形成稳定的制度。

3. 研究提出中央和省（自治区、直辖市）扶持新型职业农民发展的政策建议。

四、试点规模和条件

（一）试点规模

1. 全国选择有代表性的 100 个县开展试点。

2. 各地农业行政主管部门应结合本地实际，积极自主开展新型职业农民培育试点工作，进一步扩大试点规模。

（二）试点条件

1. 县政府重视和支持现代农业发展，承诺积极协调农业、土地、财政、金融、保险等相关部门合力推进新型职业农民培育工作。

2. 本县农业专业化生产和适度规模经营基础较好，具备一定的新型职业农民培育条件。

3. 县政府重视农民教育培训工作，具有相应的教育培训资源、条件和管理经验。

五、时间和进度

试点工作自 2012 年 8 月至 2014 年 12 月。

2012年，细化试点工作方案，启动试点工作。

2013年，开展试点，探索新型职业农民教育培训模式、认定办法和扶持政策，建立信息服务平台，进行阶段总结。

2014年，继续试点，完善相关办法、扶持政策和信息服务平台，建立新型职业农民教育培养制度，提交试点工作报告。

六、试点要求

（一）加强组织领导

各试点县要充分认识开展新型职业农民培育试点的重大意义，加强对试点工作的组织领导，成立试点工作领导小组，根据本方案并结合本地实际，制定具体工作方案，明确相关部门的工作职责，及时研究解决试点工作中出现的困难和问题，协调相关部门联合推进试点工作。省级农业主管部门要加强对试点工作的指导，推动试点工作开展。农村劳动力培训阳光工程要向试点地区倾斜支持。

（二）强化工作落实

试点县农业行政主管部门负责具体试点工作，要把试点工作纳入本部门重点工作内容，落实相关任务。要加强与有关部门沟通，积极实践，大胆创新，确保试点工作取得实效。充分发挥各级农民科技教育培训中心、农业广播电视学校在试点工作中的作用。

（三）加强政策引导

试点县要加大政策支持力度，对认定的新型职业农民，要在土地流转、财政支农项目和惠农政策、税收、金融、保险等方面给予扶持，并制定具体办法。

（四）加强信息报送

试点县要边试点边总结，及时报送试点工作进展。今年8月底前将试点具体工作方案报送农业部；每季度报送一次进展情况，如遇重大问题随时报送。每年年底报送试点工作总结；试点结束时，提交一套培育新型职业农民的规范性文件。

附件：新型职业农民培育试点县名单。

2013年5月24日农业部办公厅关于新型职业农民培育试点工作的指导意见（农办科〔2013〕36号）

自2012年8月农业部办公厅印发《新型职业农民培育试点工作方案》以来，各地积极开展新型职业农民培育试点工作，进行了有效探索，取得了初步成效。为进一步加强对试点工作的指导，现提出如下意见。

一、深刻认识培育新型职业农民的重要性、紧迫性

（一）把培育新型职业农民放在三农工作突出位置加以落实。农村劳动力向城镇和二三产业转移，是伴随我国现代化进程的必然趋势。目前我国农业劳动力供求关系已进入总量过剩与结构性、区域性短缺并存新阶段，关键农时缺人手、现代农业缺人才、新农村建设缺人力问题日显普遍。2012年中央1号文件聚焦农业科技，着力解决农业生产力发展问题，明确提出大力培育新型职业农民；2013年中央1号文件突出农业经营体制机制创新，着力完善农业生产关系，进一步强调加强农业职业教育和职业培训。新型职业农民是构建新型农业经营主体的重要组成部分，是发展现代农业、推动城乡一体化发展的重要力量，进一步增强农业农村发展活力关键在于激发农民自身活力。大力培育新型职业农民，有利于农民逐渐淡出身份属性，加快农业发展方式转变，促进传统农业向现代农业转型，加快发展现代农业必须同步推进农民职业化进程。各级农业部门要把培育新型职业农民作为重要职责，积极争取当地政府和有关部门的重视支持，将其放在三农工作的突出位置，坚持"政府主导、农民主体、需求导向、综合配套"的原则，采取更加有力的措施加以推动落实，培养和稳定现代农业生产经营者队伍，壮大新型生产经营主体。

（二）准确把握新型职业农民主要类型及内涵特征。从我国农村基本经营制度和农业生产经营现状及发展趋势看，新型职业农民是指以农业为职业、具有一定的专业技能、收入主要来自农业的现代农业从业者。主要包括生产经营型、专业技能型和社会服务型职业农民。生产经营型职业农民，是指以农业为职业、占有一定的资源、具有一定的专业技能、有一定的资金投入能力、收入主要来自农业的农业劳动力，主要是专业大户、家庭农场主、农民合作社带头人等。专业技能型职业农民，是指在农民合作社、家庭农场、专业大户、农业企业等新型生产经营主体中较为稳定地从事农业劳动作业，并以此为主要收入来源，具有一定专业技能的农业劳动力，主要是农业工人、农业雇员等。社会服务型职业农民，是指在社会化服务组织中或个体直接从事农业产前、产中、产后服务，并以此为主要收入来源，具有相应服务能力的农业社会化服务人员，主要是农村信息员、农村经纪人、农机服务人员、统防统治植保员、村级动物防疫员等农业社会化服务人员。

（三）进一步明确新型职业农民培育试点工作的目标任务。培育新型职业农民是一项关系三农发展的基础性、长期性工作，是一个复杂的系统工程，要结合实际做好顶层设计，并大胆试验，积极探索路径和方法。试点工作主要包括三项基本任务。一是探索构建一套制度体系，包括教育培训制度、认定管理制度和扶持政策体系。通过试点，提出制度体系的基本框架和具体内容，力争在制度上有所创新，在政策上取得突破。二是培养认定一批新型职业农民。以"让更多的农民成为新型职业农民"为目标，以"生产更多更好更安全的农产品供给社会"为方向，针对重点对象开展系统教育培训，结合认定和扶持，加快培养一批从事现代农业生产经营的新型职业农民。各试点县要加大教育培训力度，以生产经营型职业农民为重点，确保试点期间每县培养认定500～1 000名。三是建立一套信息管理系统。建立新型职业农民信息管理系统，是实施动态管理、开展经常性培训、提供生产经营服务、落实扶持政策的一项基础性工作。各试点县要结合实际，具体提出信息采集类别，并据此建立健全认定的新型职业农民档案。

二、积极探索构建新型职业农民教育培训制度

（四）建立农民教育培训制度。各试点县要深入开展调查摸底工作，全面掌握当地农业劳动力状况，以生产经营型职业农民作为重点对象，根据不同类型新型职业农民从业特点及能力素质要求，科学制定教育培训计划并组织实施。要坚持生产经营型分产业、专业技能型按工种、社会服务型按岗位开展农业系统培训或实施农科职业教育，不能代之以一般的普及性培训或简单的"一事一训"。要尊重农民意愿、顺应务农农民的学习规律，采取"就地就近"和"农学结合"等灵活的方式开展教育培训。要围绕增强教育培训针对性和实效性，加强课程体系和师资队伍建设，创新教学方法，改进考核评价办法。要建立经常性培训制度，各地要着眼帮助新型职业农民适应农业产业政策调整、农业科技进步、农产品市场变化和提高农业生产经营水平，明确经常性培训的主要内容、方式方法、培训机构、经费投入和保障措施，建立与干部继续教育、工人岗位培训相类似的新型职业农民全员经常性

培训制度。

（五）积极探索农业后继者培养途径。在做好对现有务农农民教育培训工作的基础上，各地还要以保证农业后继有人为目标，开展农业后继者培养，研究制定相关政策措施，吸引农业院校特别是中高等农业职业院校毕业生回乡务农创业，支持中高等农业职业院校招录农村有志青年特别是专业大户、家庭农场主、合作社带头人的"农二代"，培养爱农、懂农、务农的农业后继者。各试点县要把回乡务农创业的大学生、青壮年农民工和退役军人等作为当前农业后继者培养重点，纳入新型职业农民教育培训计划。

（六）构建新型职业农民教育培训体系。各地要切实加强农民教育培训体系建设，不断提高新型职业农民教育培训专业化、标准化水平。要统筹各类教育培训资源，加快构建和完善以农业广播电视学校、农民科技教育培训中心等农民教育培训专门机构为主体，中高等农业职业院校、农技推广服务机构、农业科研院所、农业大学、农业企业和农民合作社广泛参与的新型职业农民教育培训体系，满足新型职业农民多层次、多形式、广覆盖、经常性、制度化的教育培训需求。

三、加强新型职业农民的认定管理

（七）加强对新型职业农民认定管理必要性的认识。开展新型职业农民认定工作，建立完整的数据库和信息管理系统，有利于统筹培养和稳定新型职业农民队伍，落实支持扶持政策；有利于实施动态管理，开展经常性培训和跟踪服务，帮助其提高生产经营水平，引导其更好地履行责任义务。各试点县要以生产经营型职业农民为重点，研究制定认定标准和管理办法，开展认定管理和信息档案建立工作。

（八）明确新型职业农民认定管理的基本原则。新型职业农民认定管理是一项政策性很强的工作，要坚持以下基本原则：一是政府主导原则。由县级以上（含县级）人民政府发布认定管理办法，明确认定管理的职能部门。二是农民自愿原则。充分尊重农民意愿，不得强制和限制符合条件的农民参加认定，主要通过政策和宣传引导，调动农民的积极性。三是动态管理原则。要建立新型职业农民退出机制，对已不再符合条件的，应按规定及程序予以退出，并不再享受相关扶持政策。四是与扶持政策挂钩原则。现有或即将出台的扶持政策必须向经认定的新型职业农民倾斜，并增强政策的吸引力和针对性。

（九）新型职业农民认定管理办法主要内容。认定管理办法中应明确认定条件、认定标准、认定程序、认定主体、承办机构、相关责任,建立动态管理机制。生产经营型职业农民是认定管理的重点,主要依据"五个基本特征",充分考虑不同产业、不同地域、不同生产力水平等因素,分产业确定认定条件和标准。重点考虑三个因素:一是以农业为职业,主要从职业道德、农业劳动时间和主要收入来源等方面考虑;二是教育培训情况,根据我国国情农情和建设现代农业的要求,应考虑把接受过农业系统培训、农业职业技能鉴定或中等及以上农科教育作为基本认定条件;三是生产经营规模,以家庭成员为主要劳动力且不低于外出务工收入水平确定生产经营规模,并与当地扶持新型生产经营主体确定的生产经营规模相衔接。

四、制定和落实新型职业农民扶持政策

(十)加强扶持政策研究。主要研究扶持新型职业农民发展的政策措施,包括土地流转、农业基础设施建设、金融信贷、农业补贴、农业保险、社会保障等。要将现有的特别是新增的强农惠农富农政策向新型职业农民倾斜,形成清晰完整的扶持政策体系,涉及宏观或需要更高层次出台的扶持政策,应提出具体政策建议。

(十一)落实扶持政策。各试点县要将扶持新型职业农民的政策,特别是 2013 年中央 1 号文件明确的扶持专业大户、家庭农场主、合作社带头人、社会化服务人员、农村实用人才的政策措施,细化落实到经过认定的新型职业农民,使种粮务农不吃亏、得实惠。要通过设立教育培训专项或争取农科职业教育资助政策等,落实教育培训经费,试点县阳光工程创业培训和职业技能培训主要转向培训新型职业农民。

五、加快推进新型职业农民培育试点各项工作

(十二)加强组织领导。各试点县要紧密结合当地实际,在新型职业农民培育的目标、任务、阶段进展、政策措施和组织管理等方面进行系统设计和整体规划。建立有农业、财政、发展改革、教育、人力资源和社会保障、金融、保险等部门参加的新型职业农民培育试点工作领导小组和试点工作季度调度制度,及时研究解决试点工作中出现的困难和问题,统筹协调推进试点各项工作。要细化试点任务,明确责任分工,并争取纳入相关职能部门年度工作目标进行考核。

(十三)加快试点进度。要加快推进试点各项工作,尽快选定一批教育培训对象,结合阳光工程等培训项目开展农业系统培训。按照认定标准,加快认定新型职业农民，落实相应的扶持政策，逐步发展壮大新型职业农民队伍，确保试点工作取得成效。

（十四）加强总结宣传。要及时总结好经验、好做法，宣传好的典型，营造新型职业农民成长的良好环境，加快形成全国新型职业农民培育各具特色、稳步推进的良好格局。

农业部办公厅
2013 年 5 月 24 日

2013年7月10日农业部关于加强农业广播电视学校建设加快构建新型职业农民教育培训体系的意见（农科教发〔2013〕7号）

各省、自治区、直辖市农业（农牧、农村经济、农村工作）厅（局、委、办）：

2012年中央1号文件提出大力培育新型职业农民，2013年中央1号文件强调着力加强农业职业教育和职业培训，农民教育培训特别是新型职业农民和农村实用人才培养任务更加紧迫而繁重。农业广播电视学校（以下简称农广校）是公益性农民教育培训专门机构，经过30多年的改革和发展，基本形成了中央、省、市、县四级建制农广校和乡村教学点五级办学体系，在我国农民教育培训和农村实用人才培养中发挥着主渠道作用。为全面提高新阶段农民教育培训服务能力，现就加快构建以农广校为基础依托的新型职业农民教育培训体系提出如下意见。

一、大力培育新型职业农民是关系长远关系根本的基础性战略性重大工程

（一）培育新型职业农民意义重大。随着我国农村劳动力特别是青壮年劳动力持续大量转移，农户兼业化、村庄空心化、人口老龄化趋势明显，农村新生劳动力离农意愿强烈和务农经历缺失加剧农业后继乏人，"谁来种地""地如何种"已成为现实而紧迫的重大问题。大力培育以农业为职业、具有一定的专业技能、收入主要来自农业的新型职业农民，是培养和稳定现代农业生产经营者队伍的必由之路。新型职业农民作为新型生产经营主体和现代农业从业者，是构建新型农业经营体系的基本细胞，是发展现代农业的基本支撑，是推动城乡发展一体化的基本力量。各级农业部门要把培育新型职业农民作为重要职责和基本任务，贯穿于现代农业建设全过程，持续提供人力资源支撑和人才保障。

（二）教育培训面临长期繁重任务。培育新型职业农民是系统工程，要坚持"政府主导、农民主体、需求导向、综合配套"原则，建立完善教育培训、认定管理和政策扶持相互衔接配套的制度体系，大力培养综合素质高、生产经营能力强、适应现代农业发展要求的新型职业农民。在我国这样的农业大国加快发展现代农业，需要培养数以亿计涵盖农业产前、产中、产后，包括生产经营型、专业技能型和社会服务型的新型职业农民，需要加强农业后继者培养和新型职业农民经常性培训，任务十分繁重，必须长期坚持。

（三）加强体系建设要求十分迫切。面对规模大、层次高的新型职业农民和农村实用人才培养战略任务，我国农民教育培训资源特别是优质资源明显不足，存在教育培训体系不健全、主体比较脆弱、社会资源分散等问题；教育培训机制不完善，缺乏有效激励和硬约束，规范化、标准化、制度化建设滞后，存在"低水平简单重复"问题；教育培训条件不配套，基本建设长期欠账，存在培训缺场所、教学缺设施、下乡缺工具、实习缺基地等问题，迫切要求加强农民教育培训体系建设。

二、加快构建以农业广播电视学校为基础依托的新型职业农民教育培训体系

（四）加强农民教育培训主体建设。各级农广校是我国农民教育培训公共服务机构，是公益性农业社会化服务体系的有机组成部分，是农业部门开展新型职业农民教育培训和农村实用人才培养的主力军。各级农业部门要积极争取当地党委政府和有关部门支持，把加强农广校建设纳入农业社会化服务体系统筹推进，进一步巩固农广校农民教育培训主体地位，改善公益基础设施，完善公共服务条件，使其更好地履行农民教育培训、农村实用人才培养、农业技术传播和科学普及等公共服务职能，为构建新型职业农民教育培训体系提供基础依托。

（五）保持和稳定系统办学特色。各级农广校是以资源共享为纽带不可分割的有机整体，具有系统办学的鲜明特色和独特优势。在教育体制改革和事业单位分类改革中，要加强对农广校的组织领导和业务指导，加强与相关部门沟通协调，强化公益性事业单位性质，保持农广校由农业部门主管的体制不变、公益性事业单位的性质不变、独立设置的办学格局不变，稳定办学队伍，强化办学特色，发挥办学优势。

（六）构建"一主多元"体系。坚持"政府主导、行业管理、产业导向、需求牵引"原则，聚合优势资源，形成以农业广播电视学校、农民科技教育培训中心等农民教育培训专门机构为主体，以农业科研院所、农业院校和农技推广服务机构及其他社会力量为补充，以农业园区、农业企业和农民专业合作社为基地，满足新型职业农民多层次、多形式、广覆盖、经常性、制度化教育培训需求的新型职业农民教育培训体系。

（七）建立完善多元参与协作机制。充分发挥各种农民教育培训资源作用，鼓励和支持相关机构积极参与农民教育培训，形成大联合、大协作、大教育、大培训格局。进一步强化农业科研院所、农业院校社会服务功能，鼓励结合科研、教学和推广服务开展农民教育培训。创新农业推广服务方式，支持农技推广服务机构把农民教育培训融入试验示范、成果转化和技术推广中，提高广大农民的技术承接和应用能力。促进农业园区和农业企业发挥产业化经营优势，完善农民教育培训设施条件，建立农民教育培训现场教学和实训基地。农民专业合作社集农民教育培训对象、内容和需求于一体，是农民教育培训服务农业产业发展的有效结合点，要加大对专业合作社参与农民教育培训的扶持力度，组织农民参加教育培训。

三、以进一步增强教育培训服务能力为核心加强各级农业广播电视学校建设

（八）进一步明确职责任务。适应农民教育培训改革发展要求，明确和落实农广校职责任务，大力培养新型职业农民和农村实用人才。继续巩固农广校学历教育，积极支持农广校发展农民中等职业教育。实行"农学结合"弹性学制，采取"送教下乡"教育模式，加强教学班（点）建设，实施规范办学，深入推进"百万中专生计划"，扩大人才培养规模，提高人才培养质量。规范开展中专后继续教育和合作高等教育。结合实施"双证制"，深化职业技能鉴定工作。

积极支持农广校充分利用现代传媒广泛开展农民普及培训，紧密结合农时季节和关键环节大力开展农业实用技术培训，重点抓好一年一度的冬春大培训。重点承担好阳光工程等国家和各级农民培训项目任务，积极承担农技人员知识更新、农村实用人才带头人、大学生村官、农民专业合作社负责人、农业企业管理人员等培训任务，深入开展"绿色证书"培训。

（九）加强办学队伍建设。积极争取有关部门支持，落实人员编制，建立与职能任务和办学要求相适应的农广校专职办学队伍。选齐配强校级班子，选配具有农科大专及以上学历的专业人员充实专职教师队伍，完善专职教师职称评聘办法，改善专职教师待遇，提高收入水平。探索建立农民教育培训导师团和绩效考核激励制度，吸引农业科研院所、农业院校、农技推广机构专家教授和技术人员、农业企业管理人员、优秀农村实用人才担任兼职教师，建立数量充足、结构合理、素质优良的兼职教师队伍。实施师资队伍建设工程，以提升能力为核心对各级校长、教学管理人员、专兼职教师开展轮训。

（十）切实改善设施条件。根据农广校办学特色和农民教育培训需求，积极推进"空中课堂""固定课堂""流动课堂""田间课堂"一体化建设。

加强农广校建设战略研究，编制专项建设规划，明确建设布局和建设内容，研究制定各级农广校设置标准，积极争取各级政府部门支持，提升办学条件和教育培训水平。

（十一）继续加强农民科技教育培训中心建设。依托农广校建立的农民科技教育培训中心（以下简称中心），是保障和服务各级农业行政主管部门农民教育培训工作的职能机构。各地要继续完善中心建制，加强中心职能建设，在农业行政主管部门领导下，承担农民教育培训统筹规划、综合协调和指导服务职能，使其成为当地农民教育培训的研究中心、指导中心、服务中心和宣传中心。

四、努力形成重视支持和办好用好农业广播电视学校的长效机制

（十二）加强组织领导。农广校由农业、教育、组织、人社、财政、发展改革、广电、共青团、妇联等多部门联合举办，要进一步健全联合办学领导体制机制，及时研究解决农广校建设发展和作用发挥等重大问题。各级农业行政主管部门要切实加强组织领导，把农广校各项工作纳入当地农业农村经济发展规划，列入农业部门工作计划、摆上议事日程，建立抓落实的绩效考核责任机制。

（十三）落实经费保障。积极争取各级财政部门支持，根据农广校公益性农民教育培训内容、项目及涵盖人群核定工作经费并纳入财政预算。涉及农民教育培训和农村实用人才培养的工程项目，要充分发挥农广校的教育培训能力和主体作用，予以优先安排、重点支持。要积极争取将农广校农民中等职业教育全面纳入免学费及国家助学政策，加快培养新型职业农民。

（十四）营造发展氛围。加强对农民教育培训基础性、公共性、社会性和重大战略意义的宣传，形成领导重视、政府支持、社会关注的氛围；加强对新型职业农民典型特别是科技致富、创业兴业学用典型的宣传，形成教育有用、培训有效、学习有为的氛围；加强对农广校教育培训特色优势和办学成果的宣传，形成办好、用好、发展好农广校的氛围。

农业部
2013 年 7 月 10 日

2014年农业部新型职业农民培育和农业职业教育工作思路及要点

一、工作思路

2014年新型职业农民培育和农业职业教育工作全面贯彻落实党的"十八大"、十八届三中全会、中央农村工作会议和全国农业工作会议精神,以邓小平理论、"三个代表"重要思想、科学发展观为指导,按照"科教兴农、人才强农、新型职业农民固农"战略要求,加快"转型、创新、融合、提升",坚持政府主导、部门协同,立足产业、结合实际,农民主体、需求导向,完善政策、创新机制,以服务现代农业产业发展,服务新型经营主体发育和服务农业重大工程项目为导向,加快建立"三类协同、三位一体、三级贯通"的新型职业农民培育制度体系,着力培养一支有文化、懂技术、会经营的新型职业农民队伍,推进高中等农业职业教育协调发展,为实现"两个千方百计、两个努力确保、两个持续提高"目标提供强有力的支撑。

——转型:推动阳光工程全面转型升级,启动新型职业农民培育工程,重点由培训转向培育,实行全过程跟踪培养。农业教育培训对象转向新型职业农民和农业后继者,重点培养一批"有文化、懂技术、会经营"的新型职业农民;培训内容转向粮食等主要农产品生产以及促进农民增收的特色产业发展;培训模式转向适应成人学习和农业生产规律的"分段式、重实训、参与式"的培养模式。

——创新:方法创新,重点抓2个整省推进、一批整市推进和300个重点县,给予宽松政策和重点扶持,培育"生产经营型(种养大户、家庭农场主、合作社骨干)、专业技能型(农业企业、合作社雇工)和社会服务型(农机手、植保员、农村经纪人、信息员等)"三类协同的新型职业农民,探索教育培训、认定管理和扶持政策"三位一体"和初、中、高"三级贯通"的培育制度体系;模式创新,因地制宜探索新型职业农民培育模式;管理创新,分级管理、分层负责,重点开展省级绩效考评,将资金分配与绩效考评结果挂钩。手段创新,重点推进职业农民培育手段信息化,建立智慧农民云平台。

——融合:新型职业农民培育要与新型经营主体融合,与现代农业产业技术体系、基层农技推广体系和社会化服务体系对接;实现部内相关农民培训资源的融合，重点围绕农业产业需求开展培训，充分发挥农广校的主体作用，引导农业科研单位、农业高校、职业院校、社会主体参与新型职业农民培育工作；与各级农业行政管理部门上下联动，发挥各行业主管部门的作用，调动地方政府的积极性。

——提升：围绕国家需求、产业需求和农民需求，强化针对性、规范性和有效性，不断提高农业教育培训的质量；构建"三类协同、三位一体、三级贯通"的新型职业农民培育制度体系；强化农业教育培训质量和效果，支撑粮食增产、农业增效和农民增收。

二、工作重点

（一）编制新型职业农民培育相关规划。加强新型职业农民培育重大问题研究和调研。抓紧编制《全国新型职业农民培育工程规划（2014—2020年）》《全国新型职业农民培育条件能力建设规划（2014—2020年）》。

（二）深入开展新型职业农民培育工作。推动阳光工程全面转型升级，启动实施新型职业农民培育工程，印发《实施指导意见》，创新项目管理方式，制定绩效考核指标，开展绩效管理工作，试行县级项目专项审计制度。遴选2个省整省推进、一批地市整市推进和300个示范县整县推进，重点探索"三类协同、三位一体、三级贯通"的新型职业农民培育制度体系，培育对象要与农业产业发展同步，与新型经营主体发育同步，与农业重大工程项目同步。加强宏观指导、政策协调、模式总结、规范制定、项目监管。组织开展相关培训和现场观摩交流活动。

（三）探索新型职业农民培育方式方法。因地制宜，积极探索适合成人学习特点和农业生产规律的培育模式。大力推进农民田间学校，印发《关于加快农民田间学校发展的意见》，开展农民田间学校师资培训和示范校建设，组织编写《如何办好农民田间学校》《农民田间学校在中国》等规范性操作指南。积极探索农业后继者培养方式，重点对初、高中后毕业生开展农业职业教育，对大中专毕业生、返乡农民工、复转军人进行农村创业培植。开展智慧农民试点，开发基于移动互联的新型职业农民培育云平台，利用现代化手段开展新型职业农民在线教育培训、移动互联服务、在线信息技术咨询、在线认定管理考核和跟踪服务等。建立新型职业农民网络书屋。拓展渠道，充分利用中央电视台、中央人民广播电台、全国党员干部现代远程教育专用频道、农广校卫星网、农广在线等平台开展新型职业农民教育培训。

（四）加强农业职业教育培训师资队伍、培训规范和教材建设。加强师资队伍建设，建立新型职业农民教育培训师资库，有针对性地开展师资培训、岗位练兵等活动，加强"双师型"教师队伍建设，推进导师团制度，满足新型职业农民培育和技术指导服务等多种需求。印发《新型职业农民培训规范编制计划》，制定和完善一批新型职业农民培训规范；加快新型职业农民培育和高中等农业职业教育教材建设，遴选扶持一批地方特色精品教材，带动地方加强教材建设。

（五）加强新型职业农民培育条件能力建设。深入贯彻落实《农业部关于加强农业广播电视学校建设加快构建新型职业农民教育培训体系的意见》精神，加快构建和完善以农业广播电视学校、农民科技教育培训中心等农民教育培训专门机构为主体，中高等农业职业院校、农技推广服务机构、农业科研院所、农业大学、农业企业和农民合作社广泛参与的新型职业农民教育培训体系；县级构建"1+X"教育培训体系，"1"为农民科技教育培训中心（农广校），"X"为农业园区、农业企业、农民合作社的示范基地、若干乡镇或村级农民田间学校授课点等。认定一批新型职业农民培训机构（中心）、实训基地等。编制《县级农业广播电视学校建设规范》，实施"新型职业农民培育流动课堂建设项目"。

（六）合作培育新型职业农民。在部分农广校、高中等农业职业院校和农业大学开展中、高级新型职业农民试点。组织开展百名新型职业农民进高校活动，在新型职业农民培育试点县培养的基础上，遴选一批杰出职业农民代表，选送到农业高校进行高级研修。探索农垦系统新型职业农民培育模式和制度体系。探索依托现代农业示范区、国家农业科技创新与集成示范基地、农业科技园区、农民创业园等平台培育新型职业农民模式。用市场资源培育新型职业农民，鼓励农业企业参与合作培养，探索政府补助、农民（企业）出资的培育模式；开展中法农民教育合作，在高等职业教育、教师出国进修、短期培训方面开展合作。

（七）积极推动农业职业教育发展。积极推动新型职业农民中等职业教育免学费政策出台，印发《中等职业学校新型职业农民培养方案试行》。继续实施百万中专生计划。依托全国农业职业教育教学指导委员会，凝聚一批专家，在专业建设、师资培养、教材开发和教育教学改革方面积极建言献策，推动农业职业教育更好服务产业发展。组织开展全国职业院校技能大赛农业技能大赛。积极筹建现代农业开放大学，探索建立农业中、高职相互衔接的农民职业教育体系。

（八）加强高校共建工作。继续完善与教育部、部分省共建农业高校的合作共建的机制，引导高等农业院校参与科技创新与推广服务、美丽乡村创建和新型职业农民培育工作，探索高校培养新型职业农民的模式和机制。贯彻落实《关于推进高等农林教育综合改革的若干意见》，推动高等农业教育改革与发展。

（九）组织开展农民科学技术普及工作。按照实施全民科学素质规划纲要的总体部署，深入开展农民科学素质提升行动，以通俗易懂的科普活动为引领，推动科普内容向"生产、生活、生态"转变，推动农民学科技、用科技、促双增。开展冬春农业科技大培训和科普示范引领活动，重点围绕"美丽乡村"创建开展相关科学普及活动。编印《农业科技普及丛书》。

（十）营造新型职业农民培育的良好氛围。设计、发布新型职业农民标识，统一监制新型职业农民证书，树立统一形象。多渠道、多层次宣传新型职业农民培育政策、经验、模式、典型。在《农民日报》开设专栏；联合CCTV-7开展推介活动；中国农村杂志社重点宣传新型职业农民培育工作；利用网站、新媒体加大宣传。编印《新型职业农民培育重大问题研究》《新型职业农民理论与实践——新型职业农民培育试点工作巡礼》《做体面的农民——新型职业农民创业致富典型案例》。

2014年3月14日教育部办公厅农业部办公厅关于印发《中等职业学校新型职业农民培养方案试行》的通知（教职成厅〔2014〕1号）

各省、自治区、直辖市教育厅（教委）、农业（农牧、农村经济）厅（委、局），各计划单列市教育局、农业局，新疆生产建设兵团教育局、农业局，中央农业广播电视学校，全国农业职业教育教学指导委员会：

现将《中等职业学校新型职业农民培养方案试行》印发给你们，请遵照执行，并根据实际情况，制定专门规划和切实可行的具体政策，组织有关涉农职业学校按照新的培养方案实施教学，为确保国家粮食安全和重要农产品有效供给培养更多合格的新型职业农民。

教育部办公厅　农业部办公厅
2014年3月14日

附件：
中等职业学校新型职业农民培养方案试行

为深入贯彻党的"十八大"、十八届三中全会和2013年中央农村工作会议精神以及2012年、2013年、2014年中央1号文件精神，按照教育部、农业部等九部门《关于加快发展面向农村的职业教育的意见》要求，为加快建立农民职业教育制度，大力培养新型职业农民，制定本方案。

一、指导思想

坚持以邓小平理论、"三个代表"重要思想和科学发展观为指导，深入贯彻落实中央"三农"工作的一系列部署，以服务现代农业发展和社会主义新农村建设为宗旨，以促进农业增效、农民增收、农村发展为导向，以全面提升务农农民综合素质、职业技能和农业生产经营能力为目标，深入推进面向农村的职业教育改革，加快培养新型职业农民，稳定和壮大现代农业生产经营者队伍，为确保国家粮食安全和重要农产品有效供给、推进农村生态文明和农业可持续发展、确保农业后继有人、全面建成小康社会提供人力资源保障和人才支撑。

二、招生对象

年龄一般在 50 岁以下，初中毕业以上学历（或具有同等学力），主要从事农业生产、经营、服务和农村社会事业发展等领域工作的务农农民以及农村新增劳动力。招生重点是专业大户、家庭农场经营者、农民合作社负责人、农村经纪人、农业企业经营管理人员、农业社会化服务人员和农村基层干部等。

三、培养目标

培养具有高度社会责任感和职业道德、良好科学文化素养和自我发展能力、较强农业生产经营和社会化服务能力，适应现代农业发展和新农村建设要求的新型职业农民。

四、基本学制

新型职业农民中等职业教育实行弹性学制，有效学习年限为 2~6 年，允许学生采用半农半读、农学交替等方式，分阶段完成学业。

五、专业类别

新型职业农民中等职业教育分为种植、畜禽养殖、水产养殖、农业工程和经济管理五个专业类，每个专业类包含若干专业方向。专业类的内涵可以适当拓展，专业方向可以根据农业产业和农村经济社会发展的需要以及各地农业农村人才培养的特点进行动态调整。

（一）种植类

专业方向包括粮食作物生产、经济作物生产、蔬菜生产、果树生产、花卉生产、中药材生产、茶叶生产、食用菌生产、蚕桑生产、林木繁育与苗圃经营、森林培育与林下经济、草业生产、园林绿化等。

（二）畜禽养殖类

专业方向包括生猪养殖、肉牛养殖、奶牛养殖、羊的养殖、家禽养殖、特种动物养殖、宠物养护、动物疫病防治、畜牧等。

（三）水产养殖类

专业方向包括淡水池塘养殖、淡水网箱养殖、海水池塘养殖、海水网箱养殖、特种水产养殖、海藻养殖、观赏水生动物养殖、海洋捕捞等。

（四）农业工程类

专业方向包括农产品贮藏与加工、农机作业与维护、农村信息技术与应用、农村电气化、农村能源开发利用、农业生态与资源保护、农村水利与节水灌溉等。

（五）经济管理类

专业方向包括农产品市场与流通、家庭农场经营管理、农民合作社运营管理、农业企业经营管理、农村综合管理、农村财务会计、农资经营与管理、农村土地纠纷调解、休闲农业与乡村旅游等。

六、课程设置

（一）课程类型

课程设置分为公共基础课、专业核心课和能力拓展课三大类。三大类的课程设置和选择是开放的，学生可以根据自身生产生活实际选择学习需要的课程，也允许各地根据产业发展的实际需要适当调整课程内容或增开其他课程。

1. 公共基础课

公共基础课是为保证新型职业农民培养的基本规格和质量，提高学生综合素养，使学生掌握满足生产生活需要的科技、文化和农业基础知识，为其专业知识学习、职业技能培养和终身学习奠定基础并提供支持的课程，适用于各专业类。

2. 专业核心课

专业核心课是为使学生了解、掌握和应用本专业所必需的基本理论、专业基本知识及专项技术技能而设置的课程。学校可在学生入学前对学生的专业知识和专业技能进行测试，以便更好地引导学生选择性地学习专业核心课。

3. 能力拓展课

其他各专业类的专业核心课，都可以作为本专业的能力拓展课选择学习，目的是突破专业制约，满足农业产业综合化需要，培养学生一专多能，增强学生的适应能力和执业能力。

（二）课程体系

新型职业农民中等职业教育总学时数不少于2 720学时（170学分），其中公共基础课不少于320（20学分）学时，专业核心课不少于1 040（65学分）学时，同时能力拓展课应占一定学时数。公共基础课和专业核心课的学习时数不设上限。

本方案共设置12门1 072学时的公共基础课供学生选择学习。各地可结合实际，适当调整或增开其他课程。

各专业类设置了一定数量的专业核心课供学生选择学习：其中必修的专业基础课4门500~600学时，专业方向课2~8门，每个学生应在完成必修的专业基础课和2门以上本专业的专业方向课的基础上，选择学习其他专业核心课。

能力拓展课没有具体学时要求，学生可以在一定数量的公共基础课和本专业类的专业核心课学习之余自由选学其他专业的专业核心课。各地可结合实际，适当调整或增开其他课程。

每门课程的学习由理论教学和实践教学组成。公共基础课理论教学与实践教学的学时比例大致为1:1；专业核心课和能力拓展课重在实践教学，理论教学与实践教学的学时比例大致为（1:1）~（1:2）（表1-1）。

表1-1 新型职业农民中等职业教育课程学时要求

	课程要求	学时数要求	理论教学与实践教学学时比例
公共基础课	3~4门以上	不少于320学时	1:1
专业核心课	专业基础课4门，本专业类专业核心课若干	不少于1 040学时	（1:1）~（1:2）
能力拓展课	任选其他专业类的课程	达到总学时要求	（1:1）~（1:2）
总计		不少于2 720学时	
备注	毕业总学时不少于2 720学时，总体上理论教学学时数与实践教学学时数的比例为（1:1）~（1:2）		

七、教学形式

（一）理论教学

理论教学应根据培养目标、教学内容和学生的特点，采取灵活多样的方式方法，使学生了解、掌握农业生产经营所必备的基础知识、专业知识，为学生掌握专业技能打好理论基础。要注重学习能力的培养，强调理论与实践的结合，提高学生分析解决问题的能力和创新能力。

1. 教学形式

(1) 课堂教学。授课教师按照教学大纲在教学点进行授课。提倡参与式、讨论式、案例式等教学方式。

(2) 远程教学。授课教师通过广播电视、互联网等多种媒体方式授课,组织学生在线或实时学习相关课程。

2. 学习方式

(1) 集中学习。由学校统一组织,学生集中进行学习。在集中组织教学过程中,要灵活采取课堂讲授、现场演示、分组讨论、案例教学等多种形式,激发学生学习兴趣,调动学生积极性。

(2) 分散学习。在集中学习的基础上,学生根据自己的情况,利用多媒体教材、网络辅导资源或教学包等自主学习。分散学习时,教师可根据教学要求和学生自身学习实际,有针对性地对学生进行指导、辅导和答疑。

(二) 实践教学

实践教学是教学环节的重要组成部分,是理论教学的延续、扩展和深化。构建符合务农农民职业教育特点的实践教学体系,科学、合理地安排实践教学,对于培养学生运用所学知识、技能解决实际问题的能力和创新能力有着不可替代的作用。

1. 教学形式

(1) 实验实习。根据课程学习需要组织学生验证理论知识,学习实际操作技能,以教师演示、学生操作为主要形式,加深学生对理论的理解。

(2) 专业见习。组织学生到现代化农业园区、科技示范场等地进行考察、交流,使学生了解现代农业生产经营方式和新品种、新技术、新成果的应用,了解现代农业发展方向,拓宽现代农业发展理念。

(3) 技能实训。组织学生到实习基地、农场、农民合作社、农业企业等地进行技能训练,使学生通过职业岗位实务训练,掌握关键环节操作技能,巩固加深专业理论和业务知识,获得专项操作技能的实际工作经验。

(4) 岗位实践。学生结合本职工作岗位进行生产实践,在教师指导下运用所学知识和技能,分析和解决生产实际问题,提高工作能力和效率。

2. 组织方式

采取集中与分散相结合的方式进行。

集中实践教学由学校统一组织进行，实验实习、专业见识和技能实训一般采取集中方式进行。

分散实践教学由学生在本职岗位上，按照规定的内容和方式进行实习和岗位实践。

八、教学管理

（一）教学大纲

教学大纲是指导相关课程教学工作的纲领性文件，包括课程名称、课程说明、学习要求、教学方法、教学目的、教学内容与要求、教学提示、时间分配和教学考核及评分办法等。教学大纲由学校根据整体教学要求制定，结合农时农事制定具体教学方案并组织实施。

制定实践教学大纲时，应遵循农业生产规律，与农时季节紧密结合，突出针对性、专业性。学校根据实践教学大纲的要求，结合实践基地的实际情况制定实践教学计划和实施方案，指导学生开展实践活动。

（二）教学安排

1. 合理安排教学时间。根据学生生产经营实际和农时季节特点组织教学，上课作息时间要符合农民生产生活规律，理论教学与实践教学交替进行，农忙时多实践指导生产，农闲时多安排理论教学。要注重学生职业能力形成的逻辑性、衔接性和整体性，使教学过程与生产过程紧密结合，并保持教学内容的科学性和连贯性。

2. 及时公布开课计划。学校应在本学期结束前3~5周公布下一学期开课计划，并及时汇总审核学生的选课情况，由学校相关管理部门在放假前公布课程表。

（三）选课管理

1. 根据各专业开设课程向学生及时提供包括课程目标、主要内容、教学要求以及任课教师等课程信息和相关服务。

2. 教师要指导学生根据产业发展、社会需要和个人兴趣，按照专业教学实施方案和学期开课计划进行选课。为均衡学生学习分量，保证人才培养规格，学生一学期所学习课程总量一般不超过680学时（含认定学分）。

3. 学生选课后，学校应在规定时间内公布选课结果。

（四）学生管理

1. 以送教下乡方式开展的新型职业农民中等职业教育，一般应选择适应当地主导产业的人才需求、并与学生学习需求比较一致的专业作为主要学习专业，便于学生统一管理和集中实习实践。

2. 加强学生实习实践管理。学生要严格按实践教学大纲、实践实施方案要求和规定参加岗位实践。要对学生的岗位实践有明确的任务要求，通过实践报告、日志，解决实际问题的能力等多方面反映实践成果。学生实习期间原则上不应离开实习地，特殊情况需请假并经指导教师批准。凡实习请假超过全部实习时间 1/3 者，或无故缺席达到每门课程学时 10% 以上者，其成绩以不及格论。生产实习不及格一般不予补考，随下届学生重新进行生产实习。

九、考试考核

（一）考试考核方式

对学生的考试考核分为过程性考核、终结性考核和实践成果考核三种方式。一门课程要求以上三种考核都要达到合格以上方能通过并给予学分。

1. 过程性考核：对学生的学习过程进行测评，包括考核学生的课堂教学出勤情况、平时作业完成情况、实验实习的实际操作水平、实验实习报告、实习日志、实验实习表现情况等，综合成绩按优秀、良好、合格、不合格四个等级进行评定。

2. 终结性考核：对一门课程的结业考试，成绩采用百分制，60 分以上为合格。

3. 实践成果考核：对学生的生产经营技能、实践能力和实践成果的综合测评，成绩分为合格、不合格两个等级。

（二）考试考核时间

各门课程的过程性考核根据学生参与程度和学习态度综合考评，课程结束后完成测评；终结性考核每学期期末集中进行；实践成果考核随时进行，课程结束后完成综合测评。过程性考核不合格者，一般不允许参加终结性考核；终结性考核不合格者，可在学习有效期限内安排一次补考。

（三）实践教学考核要求

指导教师对学生的每一项实践教学课程或环节都必须进行严格的考核和认定，并根据学生的实际操作水平、实验实习报告、实习日志、出勤率和实习态度，做出客观评价、综合评定，给出相应的实践成绩，学校负责审核。

1. 实验实习的考核：指导教师根据学生的表现情况和实验实习报告等

综合评定。

2. 专业见习的考核：指导教师根据学生在考察学习过程中提交的实习过程登记、实习报告、口试、答辩综合评定，重点考核学生对现代农业理念的理解程度和现代农业技术的掌握程度。

3. 技能实训的考核：指导教师根据学生的现场操作、实习日志、实习报告、出勤率、实习态度评定成绩，重点考核学生的实际操作水平。

4. 岗位实践的考核：指导教师根据实习日志、实习成果等综合评定实习成绩，重点考核学生在生产过程中提出、分析、解决实际问题的能力和生产经营水平提高的程度等。

十、学分制

（一）实行学分制

新型职业农民中等职业教育实行学分制，以学时数考核学习量，以学分认定学习成果。学时与学分按照 16 个学时折合 1 个学分计算。学分计算以课程为基本单位。每完成一门课程的学习，通过相应的考试考核，即可获得该门课程的学分。累计修满 2 720 学时、获得 170 学分即可毕业。

（二）学分的构成

本培养方案的学分由课程学分和认定学分两部分构成。

1. 课程学分：学生参加公共基础课、专业核心课、能力拓展课等课程学习，考试考核合格，获得相应的学分。

2. 认定学分：学生具备的相应农业生产经营技能、学习培训经历、职业资格、表彰奖励等，经认定可以折合一定的学分，认定学分最多不超过 57 学分。

（三）认定学分

1. 学习培训经历认定学分

（1）学生经过职业培训，获得农业行业特有工种或与所学专业方向相关的通用工种的职业资格证书、职业技能等级证书等，可以作为培训经历认定学分。其中取得高级以上证书为 15 学分，中级证书为 12 学分，初级证书为 6 学分。

（2）参加有关部门举办的"阳光工程""绿色证书"新型职业农民培训等农业技术技能培训且经考核合格，相应的培训时间可折抵一定的学分，一般可折算 5~10 学分，且不重复计算。

（3）参加各种职业技能、知识、文艺、体育等竞赛并获奖。全国性大赛一等奖 20 个学分、二等奖 15 个学分、三等奖 10 个学分；省级大赛一等奖 10 个学分、二等奖 7 个学分、三等奖 5 个学分；市级大赛一等奖 5 个学分、二等奖 3 个学分、三等奖 2 个学分。同类竞赛不累计加分，并以获奖奖项的最高级别来折算学分。

（4）参加中职、高职以上国民教育实施学校的各种理论实践学习，并通过相应的考核，予以认定并给予学分，至多认定 10 个学分。

（5）取得外语、计算机、自学考试等国家考试单科合格证书、高中会考合格证书的，予以认定并给予学分，至多认定 10 个学分。

（6）参加已通过批准立项并结题验收的研究性学习或创新课题、项目，予以认定并给予学分，至多认定 10 个学分。

（7）有专利发明、科研著作、文学作品发表等，予以认定并给予学分，至多认定 10 个学分。

2. 职业技能认定学分

一般可选择 5~10 项可折抵学分的职业技能，每项技能至多可以折抵 3 学分。每项职业技能，学生须现场演示或者提供相应的证明材料如照片、录像等，通过认定就能获得相应的学分。如以下职业技能可折抵学分。

（1）熟练掌握计算机应用基本操作。

（2）具备英语等外语的基本听说读写能力。

（3）熟练操控农用拖拉机。

（4）具有农用机械维修专项技能。

（5）具有电工专业技能。

（6）具有瓦工专业技能。

（7）具有木工专业技能。

（8）具有钳工专业技能。

3. 从业经历认定学分

每个专业一般可选择若干项可折抵学分的从业经历，每项技能至多可以折抵 3 学分。学生须出示每项从业经历的证明材料，通过认定就能获得相应的学分。如以下从业经历可折抵学分。

（1）具有两年以上农村会计工作经历。

（2）具有两年以上农民技术员、植保员、防疫员、沼气工等专业工作经历。

（3）具有两年以上较大规模园艺场工作经历，以及果蔬、林木育苗经验和技术。

（4）具有两年以上较大规模养殖场工作经历，以及畜禽品种繁育经验和技术。

（5）具有两年以上主要农产品规模化贮藏、加工经验和技术。

（四）逐步建立农民学分银行

考虑到新型职业农民的地域属性较强，鼓励和支持各省、自治区、直辖市按照本方案探索建立农民学分银行的有效做法，在各地积累经验建立区域性学分银行后，国家将出台统一规范，逐步建立全国性农民学分银行，搭建专业间、学校间、地区间以及学历教育与非学历继续教育间的农民职业教育立交桥。

（五）学分认定方式

由申请者向认定机构提出书面申请的同时提供证明材料（包括证书、照片、视频等），申请者包括学员个人和有关培训机构。认定机构对申请进行审定，然后通过网站等途径公布认定结果，并接受社会监督。如有疑义，可直接向认定机构反映，认定机构要在一周内公布复审结果。学分认定的意见分为"同意认定并给予学分"和"不予认定"两种。学分认定工作由实施教学的学校具体负责。

学习成绩优良的学生，在学习一个专业的同时或之后，经学校批准，可辅修第二个专业的课程。根据学分互换、替代原则，第二专业与第一专业之间公共基础课学分互认，学生修满第二专业的有关专业技能课程，并取得相应的学分后，学校可发给第二专业毕业证书。转学的学生已修课程的学分可根据学分互认办法予以承认。转专业的学生，已修的课程如属于转入专业教学实施方案的课程，可以记入相应课程学分。

十一、教学保障

（一）办学机构要求

办学机构应是国家承认的涉农中、高等职业学校，包括公办和民办学校；具有连续10年以上的涉农专业办学资历；具备相应的基层办学能力，能够进村、入社、到场，把教学班办到乡村、农业企业、农民合作社、农村社区和家庭农场，方便农民就地就近学习；具有相应专业及课程开发的能力；具有相应的农民教育培训经验和师资力量。

（二）教学条件要求

教学点应具备开展教学的基本条件：有良好的教学场所，能保证各项教学活动的正常开展；有满足教学需要的设备仪器，保证各项教学环节有序实施；有足够数量的高素质的专兼职教师队伍，保障课堂教学和指导实践教学；有相应的教学管理制度以及管理人员，保证教学有序、规范展开。

（三）加强师资队伍建设

要注重吸纳长期在农业生产一线工作、经验丰富的农业技术服务人员和经验丰富的"土专家"参与教学，要积极与农业教育、科研、推广机构建立合作关系，聘请有关专家做兼职教师，完善专兼职教师队伍建设，打造一支留得下、用得上、扎住根、对农民有感情的"双师型"教师队伍。

（四）加强实训基地建设

要加大实训基地建设力度，为实践教学提供必要条件。整合资源，依托农业园区、农业龙头企业、农民合作社和专业大户、家庭农场等，合作建立相关专业实习场所和实训基地，保证实践教学顺利开展。

（五）教学指导与监管

新型职业农民中等职业教育由各地教育、农业行政主管部门负责发展规划制定、教学机构认定、教学管理与监督。各地新增课程或增设专业，由省级教育行政主管部门进行认定，上报教育部。教育部授权全国农业职业教育教学指导委员会审定。

十二、毕业与颁证

学生在学制有效期限内完成规定的课程学习，考试考核成绩合格，达到规定的毕业学分数，即可毕业，获得国家承认的中等职业教育学历，由学校颁发中等职业学校毕业证书。毕业证书标明"新型职业农民中等职业教育"字样和所学专业为《中等职业学校专业目录》农林牧渔类所列相应专业，后附所学专业方向和修习课程清单及学分表，并按照现行中等职业教育管理方式，在省级教育行政部门备案。

附件：《中等职业学校新型职业农民培养方案试行》主要推荐教学内容。

附件：

《中等职业学校新型职业农民培养方案试行》主要推荐教学内容

1. 公共基础课

见表1-2。

表1-2　公共基础课

序号	教学内容	参考学时
1	法律基础与农村政策法规	112
2	应用文写作	80
3	农业信息网络应用	96
4	农村实用理科（数学、物理、化学）	112
5	实用英语	64
6	新型职业农民素质与礼仪	64
7	现代农业创业	96
8	农业安全生产	80
9	农村规划与建设	96
10	农村家庭理财	80
11	农村卫生与农民健康	96
12	农村社会文化艺术实践	96

备注：设置公共基础课12门共1 072学时，供学生选择学习。各地可结合实际，适当调整或增开其他课程

2. 种植类专业核心课

见表1-3。

表1-3　种植类专业核心课

序号	教学内容	参考学时	对应专业及说明
1	植物生产与环境	160	种植类专业基础课
2	植物病虫草鼠害诊断与防治基础	128	
3	农产品质量安全概论	112	
4	农产品市场营销	112	

（续表）

序号	教学内容	参考学时	对应专业及说明
5	粮食作物病虫害防治	160	
6	粮食贮藏与加工	128	
7	小麦生产	192	
8	水稻生产	192	粮食作物生产专业方向（任选2门以上）
9	玉米生产	192	
10	马铃薯生产	192	
11	甘薯生产	192	
12	木薯生产	192	
13	经济作物病虫害防治	160	
14	棉花生产	160	
15	大豆生产	160	
16	花生生产	160	
17	油菜生产	160	经济作物生产专业方向（任选2门以上）
18	油葵生产	112	
19	烟草生产	160	
20	甜菜生产	160	
21	甘蔗生产	160	
22	蔬菜生产	192	
23	蔬菜病虫害防治	160	
24	设施蔬菜栽培	192	蔬菜生产专业方向（任选2门以上）
25	设施蔬菜病虫害防治	128	
26	蔬菜贮藏保鲜	128	
27	果树生产	192	
28	果树病虫害防治	160	果树生产专业方向（任选2门以上）
29	设施果树病虫害防治	128	
30	水果贮藏保鲜	128	
31	花卉生产	192	
32	花卉病虫害防治	160	花卉生产专业方向（任选2门以上）
33	设施花卉栽培	160	
34	设施花卉病虫害防治	128	
35	花卉贮藏保鲜	128	

（续表）

序号	教学内容	参考学时	对应专业及说明
36	中药材生产	192	中药材生产专业方向（任选2门以上）
37	中药材病虫害防治	160	
38	中药材采收加工	128	
39	茶树栽培	160	茶叶生产加工专业方向（任选2门以上）
40	茶树病虫害防治	128	
41	茶叶加工	128	
42	食用菌生产	128	食用菌生产专业方向（任选2门以上）
43	食用菌加工	128	
44	食用菌病虫害防治	128	
45	桑树栽培	128	蚕桑生产专业方向（任选2门以上）
46	桑树病虫害防治	112	
47	养蚕	128	
48	蚕病防治	112	
49	林木种苗生产	160	林木繁育与苗圃经营专业方向（任选2门以上）
50	苗圃经营管理	160	
51	森林病虫害防治	160	
52	森林营造	160	
53	森林植物	160	森林培育与林下经济专业方向（任选2门以上）
54	森林培育	176	
55	林下养殖	160	
56	林下种植	160	
57	林下采集	160	
58	森林旅游	160	
59	林业有害生物控制	160	

(续表)

序号	教学内容	参考学时	对应专业及说明
60	牧草栽培技术	160	
61	草原保护	128	草业生产专业方向（任选2门以上）
62	草地管理技术	128	
63	饲草料加工贮藏技术	128	
64	草坪绿化管理技术	160	
65	园林植物栽培与养护	192	园林绿化专业方向（任选2门以上）
66	园林植物造景	160	
67	园林植物病虫害防治	160	
68	种子生产与应用	160	
69	种子检验贮藏与加工	112	
70	谷子生产	112	
71	高粱生产	112	
72	大麦、青稞生产	112	
73	荞麦生产	112	
74	燕麦生产	112	
75	芝麻生产	112	其他专业核心课
76	西甜瓜生产	112	
77	苹果生产	112	
78	柑橘生产	112	
79	梨的生产	112	
80	葡萄生产	112	
81	香蕉生产	112	
82	桃的生产	112	

(续表)

序号	教学内容	参考学时	对应专业及说明
83	荔枝、龙眼生产	112	
84	核桃生产	112	
85	板栗生产	112	
86	枣的生产	112	
87	人参种植	128	
88	枸杞种植	128	
89	观赏植物栽培	160	
90	观赏植物病虫害防治	128	
91	盆景制作与插花	128	
92	林木种苗生产	112	
93	园艺设施建造与使用	160	
94	草坪建植与养护	160	
95	实用装饰园艺	128	
96	家蚕良种繁育	112	

备注：设置种植类专业核心课96门共13 792学时，供学生选择学习。各地可结合实际，适当调整或增开其他课程

3. 畜禽养殖类专业核心课

见表1-4。

表1-4 畜禽养殖类专业核心课

序号	教学内容	参考学时	对应专业及说明
1	农产品质量安全概论	112	
2	养殖技术基础	160	畜禽养殖类专业基础课
3	动物疾病防治基础	128	
4	动物营养与饲料	128	
5	生猪养殖	192	生猪养殖专业方向
6	猪病防治	160	
7	肉牛饲养	192	肉牛养殖专业方向
8	肉牛疾病防治	160	
9	奶牛饲养	192	奶牛养殖专业方向
10	奶牛疾病防治	160	

(续表)

序号	教学内容	参考学时	对应专业及说明
11	羊的养殖	192	羊的养殖专业方向
12	羊病防治	160	
13	家禽养殖	192	家禽养殖专业方向
14	禽病防治	160	
15	特种动物饲养	192	特种动物养殖专业方向
16	特种动物疾病防治	160	
17	宠物调教与驯养	128	宠物养护专业方向（任选2门以上）
18	宠物养殖与繁育	128	
19	宠物疾病防治	128	
20	宠物护理与美容	96	
21	禽病防治	160	动物疫病防治专业方向（任选2门以上）
22	猪病防治	160	
23	牛羊病防治	160	
24	畜禽繁育技术	160	畜牧专业方向
25	畜牧场经营管理	160	
26	畜产品市场营销	112	其他专业核心课
27	畜禽生产环境卫生控制	112	
28	兽医药物临床与应用	160	
29	动物疫病防治	160	
30	兽医微生物与免疫	112	
31	兽医病理与诊断	160	
32	动物卫生防疫与检验	112	
33	动物卫生法规	80	
34	畜产品贮藏加工	96	
35	畜牧业生产经营管理	96	
36	优质牧草生产与加工	112	
37	饲料添加剂应用	96	
38	肉鸡养殖	112	
39	蛋鸡养殖	112	
40	肉鸭养殖	112	
41	蛋鸭养殖	112	

（续表）

序号	教学内容	参考学时	对应专业及说明
42	鹅的养殖	112	
43	鸽子养殖	112	
44	蜜蜂养殖	112	
45	兔的养殖	112	
46	狐狸养殖	112	
47	貂的养殖	112	

备注：设置畜禽养殖类专业核心课47门共6 448学时，供学生选择学习。各地可结合实际，适当调整或增开其他课程

4. 水产养殖类专业核心课

见表1-5。

表1-5　水产养殖类专业核心课

序号	教学内容	参考学时	对应专业及说明
1	水产品质量安全概论	112	
2	水产动物养殖技术基础	160	水产养殖类专业基础课
3	水产动物营养与饲料	112	
4	水产动物疾病防治基础	128	
5	淡水池塘养鱼	160	
6	淡水池塘养虾	160	
7	淡水池塘养蟹	160	淡水池塘养殖专业方向
8	淡水池塘养贝	160	（任选2门以上）
9	淡水池塘养殖病害防治	128	
10	淡水池塘管理	160	
11	淡水网箱养鱼	160	
12	淡水网箱养虾	160	
13	淡水网箱养蟹	160	淡水网箱养殖专业方向
14	淡水网箱养贝	160	（任选2门以上）
15	淡水网箱养殖病害防治	160	
16	淡水网箱的设置和制作	112	

（续表）

序号	教学内容	参考学时	对应专业及说明
17	海水池塘养鱼	160	
18	海水池塘养虾	160	
19	海水池塘养蟹	160	海水池塘养殖专业方向（任选2门以上）
20	海水池塘养贝	160	
21	海水池塘管理	160	
22	海水池塘养殖病害防治	128	
23	海水网箱养鱼	160	
24	海水网箱养虾	160	
25	海水网箱养蟹	160	海水网箱养殖专业方向（任选2门以上）
26	海水网箱养贝	160	
27	海水网箱养殖病害防治	160	
28	海水网箱的设置和制作	112	
29	特种经济鱼类苗种生产	192	特种水产养殖专业方向
30	特种经济鱼类养殖	176	
31	藻类增殖养殖	176	
32	海带养殖	160	海藻养殖专业方向（任选2门以上）
33	紫菜养殖	160	
34	藻类加工	160	
35	观赏鱼养殖和鉴赏	192	
36	游钓与观赏渔业	176	观赏水生动物养殖专业方向（任选2门以上）
37	水族箱造景和水草养殖	128	
38	休闲渔业经营	128	
39	渔具材料与工艺	96	
40	海洋捕捞	112	
41	渔业船舶驾驶	128	
42	渔业资源	128	海洋捕捞专业方向（任选2门以上）
43	海洋基础知识	96	
44	海洋法与渔业法规	96	
45	渔业水质管理和调控	128	

(续表)

序号	教学内容	参考学时	对应专业及说明
46	水产品加工与综合利用	176	
47	淡水水生动物苗种繁育	192	
48	淡水水生动物病害防治	160	
49	水产品贮藏和质量控制	160	
50	生物饵料培养	128	
51	水产品市场营销	112	
52	水产企业经营与管理	112	
53	南美白对虾健康养殖	192	其他专业核心课
54	南美白对虾病害防治	176	
55	海参人工养殖	192	
56	海参深加工	128	
57	龟的养殖	176	
58	鳖的养殖	176	
59	蛙类养殖	192	
60	河蚌养殖	192	
61	珍珠生产和加工	176	

备注：设置水产养殖类专业核心课61门共9 264学时，供学生选择学习。各地可结合实际，适当调整或增开其他课程

5. 农业工程类专业核心课

见表1-6。

表1-6 农业工程类专业核心课

序号	教学内容	参考学时	对应专业及说明
1	计算机应用基础	128	
2	电子技术基础	128	农业工程类专业基础课
3	电工技术基础	128	
4	工程技术基础	128	
5	农产品贮藏	160	
6	粮油加工	160	农产品贮藏与加工专业方向（任选2门以上）
7	果蔬加工	160	

(续表)

序号	教学内容	参考学时	对应专业及说明
8	农业机械使用与管理	128	农机作业与维护专业方向
9	拖拉机保养与维修	160	
10	计算机办公自动化	128	农村信息技术与应用专业方向
11	微型计算机组装与维护	112	
12	农村机电应用	160	农村电气化专业方向
13	农村电力网	128	
14	农村能源概论	112	农村能源开发利用专业方向（任选2门以上）
15	农村能源建设与生态环境	112	
16	生物质工程	128	
17	农村生态环境建设	112	农村生态与资源保护专业方向
18	循环农业生产与管理	112	
19	农村水环境与水生态	160	农村水利与节水灌溉专业方向（任选2门以上）
20	水工建筑	128	
21	农业节水灌溉	160	
22	灌溉排水	128	
23	农村户用沼气综合利用	160	
24	太阳能利用	160	
25	农作物秸秆综合利用	160	
26	小型风力发电	160	
27	农村小水电开发利用	160	
28	机械设计基础	160	
29	农机具使用与维护	128	
30	农业动力机械及维修	160	其他专业核心课
31	工程制图	160	
32	钳工与焊修	160	
33	电机及其应用	160	
34	农机技术推广	80	
35	拖拉机驾驶与操作	96	
36	栽插机械使用与调整	128	
37	耕种机械使用与维修	160	
38	播种施肥机械使用与调整	128	

(续表)

序号	教学内容	参考学时	对应专业及说明
39	植保机械使用与调整	128	
40	收获机械使用与维修	160	
41	畜牧机械基础	128	
42	农用运输车使用与维修	160	
43	农机产品与零件销售	96	
44	农村机电基础	128	
45	电力法律法规	80	
46	农村变电站	160	
47	农电管理	112	
48	通用电器设备安装与维护	160	
49	常用家电维修	160	
50	计算机网络应用基础	128	
51	办公事务管理	128	
52	多媒体及常用软件应用	128	
53	循环农业规划与设计	128	
54	农村排灌站	128	

备注：设置农业工程类专业核心课54门共7 392学时，供学生选择学习。各地可结合实际，适当调整或增开其他课程

6. 经济管理类专业核心课

见表1-7。

表1-7　经济管理类专业核心课

序号	教学内容	参考学时	对应专业及说明
1	农业经营管理	160	
2	农产品市场营销	128	经济管理类专业基础课
3	经济法与经济纠纷处理	128	
4	农业资源与环境	112	
5	农产品物流运输管理	128	
6	农产品物流仓储与配送管理	112	农产品市场与流通方向（任选2门以上）
7	农产品商务谈判技巧	112	
8	家庭农场经营管理	128	
9	现代农业生产经营管理	128	家庭农场经营管理专业方向（任选2门以上）
10	农村财务管理	128	

(续表)

序号	教学内容	参考学时	对应专业及说明
11	农民合作社建设与管理	128	农民合作社运营管理专业方向（任选2门以上）
12	农村经纪人实务	112	
13	农村财务管理	128	
14	中小企业管理	128	农业企业经营管理专业方向（任选2门以上）
15	现代农业生产经营管理	128	
16	金融与税收	128	
17	乡村社会事业管理	128	农村综合管理专业方向（任选2门以上）
18	乡村经济管理	128	
19	农村社区管理	112	
20	统计实务	128	农村财务会计专业方向（任选2门以上）
21	农村财务会计	128	
22	审计原理与实务	112	
23	企业门店营运管理	128	农资经营与管理专业方向（任选2门以上）
24	企业采购管理	128	
25	企业物流配送管理	128	
26	土地制度与产权登记	128	农村土地纠纷调解（任选2门以上）
27	农村土地承包法	128	
28	土地承包经营纠纷调解仲裁	128	
29	休闲农业	128	休闲农业与乡村旅游专业方向（任选2门以上）
30	乡村导游	128	
31	乡村厨艺与饮食服务	112	
32	乡村住宿服务与管理	128	
33	农村人力资源管理	160	其他专业核心课
34	基础会计与会计实务	112	
35	工商企业会计	112	
36	实用会计信息化	112	
37	财务管理与分析	160	
38	定价策略与技巧	160	
39	乡村基层组织建设	160	

（续表）

序号	教学内容	参考学时	对应专业及说明
40	企业形象与公共关系	160	
41	创意农业	128	
42	农村资源开发与利用	128	
43	农村经纪人实务	128	
44	出纳收银实务	80	
45	农产品网络销售实务	96	
46	农村集体资产管理	128	
47	土地管理法	128	
48	土地纠纷调解技巧与实务	128	
49	电子商务	128	

备注：设置经济管理类专业核心课49门共6 224学时，供学生选择学习。各地可结合实际，适当调整或增开其他课程

7. 能力拓展课

各专业核心课可作为其他专业的能力拓展课。各地也可以根据当地产业发展和社会经济发展实际自行设置部分课程作为能力拓展课。

2014年8月1日农业部办公厅、财政部办公厅关于做好2014年农民培训工作的通知（农办财〔2014〕66号）

为贯彻落实党的"十八大"、十八届三中全会、中央农村工作会议和中央1号文件精神，大力培育新型职业农民，加快构建新型农业经营体系，着力解决"谁来种地""如何种好地"的问题，2014年，中央财政安排农民培训补助资金，支持开展新型职业农民培育工作。为确保政策落到实处，提高资金使用效率，现将有关事项通知如下。

一、明确工作思路

按照"科教兴农、人才强农、新型职业农民固农"的战略要求，启动实施新型职业农民培育工程，坚持立足产业、政府主导、多方参与、注重实效的原则，以做大做强新型农业经营主体为导向，整合资源，提高培训的针对性、规范性和有效性，加快建立新型职业农民培育制度，着力培养一支有文化、懂技术、会经营的新型职业农民队伍，为发展现代农业提供强有力的人才支撑。

2014年新型职业农民培育主要有三项任务：一是探索建立培育制度。实行教育培训、认定管理和政策扶持"三位一体"培育，强化生产经营型、专业技能型和社会服务型"三类协同"培训，对符合条件者颁发新型职业农民证书，并配套创设相关政策予以扶持。二是开展示范培育。在全国遴选2个示范省（覆盖不少于1/2的农业县）、14个示范市（覆盖不少于2/3的农业县）和300个示范县，作为新型职业农民培育重点示范区（名单见附件），发挥示范带动作用。其他地区可结合实际积极探索，大力推动新型职业农民培育工作。三是建立健全培训体系。充分发挥各级农业广播电视学校（农民科技教育培训中心）的作用，统筹利用好农业职业院校、农技推广服务机构、农业高校、科研院所等公益性教育培训资源，并要积极开发农民合作社、农业企业、农业园区等社会化教育培训资源。

二、把握关键环节

（一）确定培育对象。新型职业农民是指以农业生产为职业、具有较高的专业技能、收入主要来自农业且达到一定水平的现代农业从业者，主要分为生产经营型、专业技能型和社会服务型三类。生产经营型主要包括专业大户、家庭农场主、农民合作社骨干等；专业技能型包括长期、稳定在农业企业、农民合作社、家庭农场等新型农业经营主体中从事劳动作业的农业劳动力；社会服务型包括长期从事农业产前、产中、产后服务的农机服务人员、统防统治植保员、村级动物防疫员、农村信息员、农村经纪人、土地仲裁调解员、测土配方施肥员等农业社会化服务人员。

中央财政补助资金重点培育生产经营型职业农民，适当兼顾专业技能型和社会服务型职业农民，其中用于生产经营型职业农民培育的资金比例不得低于70%。各地要结合实际，制定出台新型职业农民遴选标准，让真正从事农业生产、迫切需要提升素质和生产技能的农民优先接受培育，原则上培育对象年龄不超过55周岁。要做好新型职业农民培育与中、高职学历教育的衔接，全面提升新型职业农民综合素质。

（二）确定培训机构。各级农业部门要遵循公开、公正、公平原则，确定培训机构和实训基地，并进行备案管理。要积极探索政府购买服务的方式，引导和鼓励其他社会培训机构参与；实训基地要加强与国家现代农业示范区、高产创建示范片、农业科技创新与集成示范基地、农民合作社人才培养实训基地、农业企业基地结合。每个项目县承担任务的培训机构不得超过5个。

（三）合理分配资金。中央财政补助资金直接切块到省，各省（区、市）要根据产业规模、农业人口规模、新型职业农民培育需求等因素细化补助资金，并向示范县倾斜。具体培育时间和补助标准由各地结合实际确定，实行差别补助，同一培育对象3年内不得重复支持。中央财政补助资金主要用于农民课堂培训及实训、参观交流、聘请师资、信息化手段利用等相关支出，不得用于新型职业农民职业教育学杂费补助。

三、强化机制创新

（一）创新培育机制。突出需求导向，开展全产业链培养和后续跟踪服务，及时记录职业农民接受教育培训情况，对考核合格者进行统一认定。加强认定后职业农民的管理和知识更新，出台相应的创业扶持政策。坚持农民自愿，有条件的地方可探索"财政补贴、机构让利、农民出资、先学后补"等机制，原则上政府补贴一部分、农民自己出一部分，推进培育机制创新。

（二）创新培育模式。实行"分段式、重实训、参与式"培育模式，要根据农业生产周期和农时季节分段安排课程，强化分类指导，对生产经营型、专业技能型和社会服务型分类分产业开展培训，做到"一班一案"，建立指导员制度。要注重实践技能操作，大力推行农民田间学校、送教下乡等培训模式，提高参与性、互动性和实践性。

（三）创新培育内容。加强教材的规划、建设和管理，选择科学、权威、图文并茂、通俗易懂的教材。各省（区、市）要参照农业部发布的培训规范，结合本地实际，指导项目县开展培育工作。各项目县要对农民实际需求开展摸底调查，制定针对性强的培育计划。培育机构课程设置要符合农民特点和学习规律，教学实践活动要形式多样，注重针对性、实用性和规范性，并做好后续跟踪服务。

（四）创新培育手段。适应现代远程在线教育发展趋势，充分利用现代化、信息化手段开展新型职业农民在线教育培训、移动互联服务、在线信息技术咨询、全程跟踪管理与考核评价等，开通新型职业农民网络课堂。

四、有关工作要求

（一）强化组织领导。各省（区、市）要切实强化工作协调和组织领导，制定省级实施方案，于2014年8月30日前报农业部和财政部备案（电子版发送农业部科技教育司），并于2014年11月底前将项目总结报送农业部和财政部。各项目县要制定工作方案，明确目标任务、进度安排、监督考核、认定管理、扶持政策等，完善运行机制，确保任务落实。

（二）规范资金使用。地方各级财政会同农业等有关部门要切实加强资金监管，及时足额拨付资金，一经发现挤占、截留、挪用资金情况，及时纠正并对相关单位和人员按程序做出处理。

（三）加强项目监管。按照简政放权的原则，实行"五到省、一挂钩"的项目管理模式，即将项目资金切块到省、目标任务落实到省、审批权限下放到省、管理责任明确到省、绩效管理延伸到省，将绩效考核结果与资金安排挂钩。省级农业部门要会同财政部门按照管理方式改革要求，明确工作责任，落实管理措施，强化过程督导，严格资金监管，确保政策落实到位，农业部、财政部将重点开展专项检查和绩效考评。

（四）注重宣传引导。今年是实施新型职业农民培育工程的第一年，各地要高度重视信息宣传工作，及时宣传典型模式和成功经验，大力宣传新型职业农民培育成果，并充分利用中国新型职业农民网（www.nmpx.gov.cn）、广播、电视、报刊等媒体，加大宣传力度，营造有利于新型职业农民发展的良好氛围。

附件：

见表 1-8。

表 1-8　2014 年新型职业农民培育工程示范县名单

序号	省份	整市示范推进（14 个地市）	示范县（300 个）
1	北京市		大兴区、密云县
2	天津市		武清县、宝坻县、滨海新区
3	河北省	承德市（承德县、围场县、隆化县、平泉县、滦平县、宽城县）	饶阳县、藁城市、涉县、迁安县、定州市、元氏县、赤城县、巨鹿县、抚宁县、任丘县、黄骅市
4	山西省		整省示范推进
5	内蒙古自治区		喀喇沁旗、开鲁县、扎赉特旗、阿荣旗、乌拉特前旗、太仆寺旗、察右中旗、鄂托克前旗、科尔沁区、科左中旗
6	辽宁省		康平县、岫岩县、建平县、建昌县、昌图县、新宾县、东港市、义县、大石桥市、盖州市、朝阳县、盘山县、桓仁县、铁岭县、喀左县
7	大连市		庄河市、瓦房店市
8	吉林省		辉南县、前郭县、德惠市、东辽县、双辽市、桦甸县、磐石市、伊通县、柳河县、抚松县、和龙市、九台市、公主岭市、洮南市、长岭县
9	黑龙江省		肇东市、依安县、富锦市、北林区、龙江县、宁安市、密山市、汤原县、青冈县、双城市、呼玛县、克山县、海林市、五大连池市
10	上海市		浦东新区、崇明县、松江区
11	江苏省	常州市（武进区、金坛市、溧阳市）	昆山市、兴化市、江阴市、丰县、盱眙县、宝应县、浦口区、句容市、灌南县、启东市、宿城区、东台市、清浦区
12	浙江省	湖州市（德清县、长兴县、安吉县、吴兴区、南浔区）	云和县、江山市、富阳县、遂昌县、仙居县、新昌县
13	安徽省	宿州市（埇桥区、泗县、萧县、灵璧县）	南陵县、界首市、五河县、巢湖市、庐江县、利辛县、怀宁县、金寨县、贵池区、含山县、全椒县、潜山县、凤台县、宣州区、当涂县
14	福建省	龙岩市（长汀县、漳平市、永定县、上杭县、新罗区）	宁化县、永安市、华安县、安溪县、秀屿区、浦城区、福鼎市、闽侯县、古田县

(续表)

序号	省份	整市示范推进（14 个地市）	示范县（300 个）
15	江西省	上饶市（铅山县、婺源县、玉山县、鄱阳县、余干县、万年县、横峰县、弋阳县）	南康市、黎川县、高安市、莲花县、浮梁县、新干县、南丰县、新建县、都昌县、兴国县
16	山东省	临沂市（郯城县、莒南县、沂南县、河东区、罗庄区、临沭县、蒙阴县、沂水县）	桓台县、招远市、长清区、泗水县、齐河县、滕州市、诸城市、宁阳县、荣成市、滨城区、阳谷县
17	青岛市		平度市、莱西市、黄岛区
18	河南省	三门峡市（陕县、渑池县、卢氏县、灵宝市）	浚县、夏邑县、许昌县、西平县、商城县、兰考县、济源市、淮阳县、永城市、固始县、濮阳县、临颍县、汝州市
19	湖北省	襄阳市（枣阳市、宜城市、老河口市、谷城县）	东西湖区、宜都市、新洲区、公安县、巴东县、武穴市、通山县、夷陵区、监利县、京山县、郧县、鹤峰县、蕲春县
20	湖南省	常德市（石门县、鼎城区、临澧县、安乡县、澧县、桃源县、汉寿县）	醴陵市、平江县、吉首市、宁乡县、湘乡市、汝城县、湘阴县、南县、衡东县、隆回县、麻阳县、安化县
21	广东省		高要市、阳春市、梅县、曲江区、和平县、吴川市、从化市、揭东区
22	广西壮族自治区		兴安县、平桂区、桂平市、灵川县、灌阳县、南丹县、八步区、象州县、富川县、西林县、柳城县、防城区、武鸣县
23	海南省		海口市、万宁市、澄迈县、三亚市、儋州市、临高县、琼中县、昌江县、安定县、屯昌县
24	重庆市		武隆县、巴南区、黔江区、万州区、永川区、南川区、綦江区、丰都县、忠县、秀山县、开县、巫溪县、石柱县、荣昌县、潼南县
25	四川省	成都市（蒲江县、金堂县、崇州市、邛崃市、温江区、彭州市、新津县、大邑县、新都区）	广汉市、安县、荣县、西充县、江安县、苍溪县、蓬溪县、宣汉县、阆中县、前锋区、绵竹市
26	贵州省	六盘水市（水城县、盘县、六枝特区、钟山区）	石阡县、凤冈县、湄潭县、思南县、黄平县、碧江区、榕江县、关岭县、玉屏县、紫云县
27	云南省	保山市（隆阳区、龙陵县、昌宁县、施甸县、腾冲县）	宣威市、景洪市、建水县、宾川县、西山区、砚山县、江川县、思茅区、盈江县、禄丰县

(续表)

序号	省份	整市示范推进（14个地市）	示范县（300个）
28	西藏自治区		曲水县、白朗县、堆龙德庆县、乃东县
29	陕西省		整省示范推进
30	甘肃省		泾川县、安定区、民勤县、庄浪县、景泰县、肃州区、秦州区、武都区、正宁县、肃南县
31	青海省	海东市（互助县、乐都县、平安县、民和县、化隆县、循化县）	大通县、格尔木市、湟中县、湟源县、门源县、贵德县、同仁县、乌兰县
32	宁夏回族自治区		永宁县、利通区、原州区、石嘴山市、平罗县、惠农区、彭阳县、灵武市、贺兰县、青铜峡市、盐池县、西吉县
33	新疆维吾尔自治区		玛纳斯县、博湖县、伊宁县、库车县、博乐市、阿克陶县、额敏县、哈密市、精河县
34	黑龙江省农垦总局		整垦区示范推进

2015年3月26日农业部科技教育司关于做好 2015年新型职业农民培育工作的通知（农科（教育）函〔2015〕第68号）

各省（自治区、直辖市）及有关计划单列市农业（农牧、农村经济）厅（局、委）科教处，新疆生产建设兵团农业局科教处，黑龙江省农垦总局科技局、广东省农垦总局科教处：

2015年中央财政继续安排农民培训补助资金，专项用于新型职业农民培育工作，为抓好相关工作落实，现将有关事项通知如下。

一、工作思路

各地要按照农业部办公厅、财政部办公厅《关于组织实施好2015年财政支农相关项目的通知》（农办财〔2015〕8号）和《关于做好2014年农民培训工作的通知》（农办财〔2014〕66号）的要求，明确工作思路，主动适应经济发展新常态，按照稳粮增收转方式、提质增效调结构的总要求，坚持立足产业、政府主导、多方参与、注重实效的原则，强化项目实施管理，创新培育模式、提升培育质量，加快建立"三位一体、三类协同、三级贯通"的新型职业农民培育制度体系，着力培养一支有文化、懂技术、会经营的新型职业农民队伍，为发展现代农业提供有力的人才支撑。

二、示范规模

2015年，新型职业农民培育工程示范规模扩大到全国4个整省、21个整市和487个示范县（名单见附件）。农业部将联合相关部门启动实施现代青年农场主培育计划，每年培育现代青年农场主1万名（方案另发）。各示范省、市的重点任务是研究编制规划、出台指导文件；各示范县的重点任务是开展教育培训和认定管理，制定和落实支持扶持政策，创新机制模式，健全制度体系。其他项目实施地区也要按照统一部署，结合本地实际，认真组织好培育工作。

三、有关要求

（一）加强组织领导。各省（区、市）农业行政主管部门要高度重视，切实强化组织领导，加快制定省级新型职业农民培育指导性意见和2015年项目实施方案，抓紧研究"十三五"新型职业农民培育发展规划，协调出台省级新型职业农民培育相关制度和扶持政策。要指导各示范市、项目实施县农业行政主管部门强化工作落实，成立领导协调小组，制定市、县级工作方案，出台县级新型职业农民教育培训制度、认定管理办法和扶持政策。

（二）加强基础建设。师资、教材、基地、田间学校是做好职业农民培育工作的重要基础。今年，农业部将启动智慧农民云平台、师资库、精品课、精品教材、职业农民创业基地（园）等建设，各地要依托农民科技教育培训中心（农广校）等，加强新型职业农民培育各项基础建设。要认真选用和组编好精品教材，分产业分类型规范开展培训工作。要强化农民田间学校建设，依托农业园区、农业企业、农民合作社等在产业链上培育新型职业农民，提高培育工作的针对性和实效性。

（三）强化项目监管。各地要按照需求导向，认真开展培育需求调研，组织遴选好培育对象，严禁以招标方式简单分派培训指标任务。要按照全过程培育的要求做好项目资金的细化，确保资金使用效果，鼓励项目县开展年度资金专项审计。要开展专项检查和绩效考评，严格过程监管，确保规范培育。各省和项目县要通过新型职业农民培育工程信息管理系统及时填报培育信息。

（四）做好宣传总结。今年农业部将推出新型职业农民培育十大模式供各地借鉴学习。各地要进一步加强典型经验总结，加大项目宣传力度，充分利用互联网、广播、电视、报刊等媒体，及时宣传报道各地的有效做法和先进典型，营造有利于新型职业农民培育的良好氛围。

附件：2015 年新型职业农民培育工程示范县名单。

农业部科技教育司
2015 年 3 月 26 日

附件：

见表 1-9。

表 1-9 2015 年新型职业农民培育工程示范县名单

序号	省份	整市示范推进（21 个地市）	示范县（487 个）
1	北京市		大兴区、密云县
2	天津市		宝坻区、武清区、滨海新区、宁河县

（续表）

序号	省份	整市示范推进（21个地市）	示范县（487个）
3	河北省	承德市（围场县、承德县、平泉县、隆化县、滦平县、宽城县）	藁城区、元氏县、栾城县、迁安市、抚宁县、涉县、巨鹿县、赤城县、任丘市、黄骅市、定州市、行唐县、晋州市、玉田县、丰南区、卢龙县、邱县、广平县、沙河市、阜平县、涞水县、蔚县、崇礼县、丰宁县、兴隆县、献县、大城县、永清县、武邑县、阜城县、安平县、辛集市
4	山西省		整省示范推进
5	内蒙古自治区		喀喇沁旗、开鲁县、扎赉特旗、阿荣旗、乌拉特前旗、太仆寺旗、察右中旗、鄂托克前旗、科尔沁区、科左中旗、磴口县、莫力达瓦旗
6	辽宁省		康平县、岫岩县、新宾县、桓仁县、东港市、义县、盖州市、大石桥市、盘山县、铁岭县、朝阳县、建平县、喀左县、建昌县、昌图县、黑山县、北镇市、凌海县、开原市
7	大连市		庄河市、瓦房店市
8	吉林省	长春市（双阳区、九台区、德惠市、榆树市、农安县）	辉南县、前郭县、东辽县、双辽市、桦甸市、磐石市、伊通县、柳河县、抚松县、和龙市、公主岭市、长岭县、永吉县、扶余市、敦化市、洮南市、镇赉县、东丰县、柳河县、蛟河市、舒兰市、梨树县、通化县、靖宇县、汪清县
9	黑龙江省	绥化市（北林区、肇东市、安达市、海伦市、绥棱县、兰西县、明水县、青冈县、庆安县、望奎县）	依安县、富锦市、龙江县、宁安市、密山市、汤原县、双城县、呼玛县、克山县、海林市、五大连池市、肇州县、铁力市、萝北县、宾县、虎林市、林口县、饶河县、勃利县、孙吴县、阿城区、林甸县、桦川县、爱辉区、宝清县
10	上海市		浦东新区、崇明县、松江区、奉贤区、金山区
11	江苏省		整省示范推进
12	浙江省	湖州市（吴兴区、南浔区、长兴县、安吉县、德清县）	富阳市、新昌县、江山市、云和县、遂昌县、仙居县、秀洲区
13	宁波市		慈溪市、宁海县
14	安徽省	宿州市（埇桥区、砀山县、萧县、灵璧县、泗县），马鞍山市（和县、含山县、当涂县）	庐江县、巢湖市、濉溪县、利辛县、五河县、界首市、颍上县、凤台县、全椒县、定远县、来安县、金寨县、舒城县、芜湖县、南陵县、宣州区、铜陵县、贵池区、怀宁县、潜山县、望江县、黄山区
15	福建省	龙岩市（永定区、长汀县、漳平市、上杭县、新罗区、武平县、连城县）	安溪县、永安市、浦城县、古田县、福安市、建瓯市、武夷山市、云霄县、漳浦县、清流县、南安市、邵武市、荔城区

（续表）

序号	省份	整市示范推进（21个地市）	示范县（487个）
16	江西省	上饶市（玉山县、横峰县、铅山县、弋阳县、鄱阳县、余干县、万年县、婺源县、上饶县、广丰县、德兴市）	新建县、都昌县、永修县、湖口县、武宁县、瑞昌市、彭泽县、浮梁县、莲花县、芦溪县、分宜县、贵溪市、兴国县、崇义县、信丰县、于都县、宁都县、龙南县、瑞金市、上犹县、高安市、袁州区、上高县、丰城市、万载县、新干县、井冈山市、南丰县、崇仁县、南城县
17	山东省	临沂市（郯城县、莒南县、沂南县、河东区、罗庄区、临沭县、蒙阴县、沂水县、费县）	沂源县、招远市、长清区、泗水县、齐河县、滕州市、诸城市、宁阳县、荣成市、滨城区、阳谷县、垦利县、牟平区、临朐县、任城区、平原县、曹县、费县、商河县、淄川区、栖霞市、安丘市、兖州区、肥城市、五莲县、莱城区、乐陵市、茌平县、博兴县、定陶县
18	青岛市		黄岛区、平度市、莱西市
19	河南省	漯河市（临颍县、舞阳县、召陵区、郾城区），三门峡市（陕县、渑池县、卢氏县、灵宝市）	兰考县、永城市、汝州市、巩义市、夏邑县、民权县、睢县、柘城县、许昌县、浚县、西平县、平舆县、正阳县、濮阳县、范县、淮阳县、项城市、商城县、潢川县、光山县、济源市、卫辉市、封丘县、偃师市、内黄县、沁阳市、西峡县、内乡县、南召县、新野县
20	湖北省	荆门市（京山县、钟祥市、沙洋县）	东西湖区、新洲区、郧县、监利县、公安县、夷陵区、宜都市、老河口市、枣阳市、宜城市、谷城县、蕲春县、武穴市、通山县、鹤峰县、巴东县、孝昌县、随县、江夏区、当阳市、麻城市、团风县、咸安区、汉川市、竹山县、宣恩县、阳新县
21	湖南省		整省示范推进
22	广东省		曲江区、和平县、大埔县、高明区、茂南区、博罗县、五华县、仁化县、惠阳区、云安区、英德市
23	广西壮族自治区	柳州市（柳江县、柳城县、鹿寨县、融安县、融水县、三江县）	武鸣县、宾阳县、兴安县、灵川县、灌阳县、荔浦县、岑溪县、合浦县、防城区、灵山县、浦北县、桂平市、兴业县、西林县、平桂区、八步区、富川县、昭平县、南丹县、大化县、宜州市、罗城县、象州县、兴宾区、宁明县
24	海南省		海口市、三亚市、琼海市、万宁市、屯昌县、保亭县、东方市、临高县、澄迈县
25	重庆市		万州区、永川区、南川区、黔江区、綦江区、巴南区、丰都县、忠县、开县、巫溪县、石柱县、秀山县、荣昌县、潼南县、武隆县、云阳县、奉节县

（续表）

序号	省份	整市示范推进（21个地市）	示范县（487个）
26	四川省	成都市（蒲江县、金堂县、崇州市、邛崃市、温江区、彭州市、新津县、大邑县、新都区）、绵阳市（安县、江油市、游仙区、三台县）	荣县、富顺县、米易县、泸县、古蔺县、广汉市、绵竹市、苍溪县、蓬溪县、射洪县、资中县、犍为县、井研县、阆中市、西充县、东坡区、丹棱县、江安县、长宁县、宜宾县、前锋区、岳池县、宣汉县、名山县、恩阳区、雁江区、茂县、理县、泸定县、西昌市
27	贵州省	六盘水市（水城县、盘县、六枝特区、钟山区）	石阡县、凤冈县、湄潭县、思南县、黄平县、碧江区、榕江县、关岭县、玉屏县、紫云县、安龙县、纳雍县
28	云南省	保山市（隆阳区、龙陵县、昌宁县、施甸县、腾冲县）	西山区、宜良县、宣威市、陆良县、富源县、江川县、新平县、建水县、石屏县、弥勒县、泸西县、砚山县、丘北县、宾川县、巍山县、祥云县、禄丰县、姚安县、元谋县、镇康县、凤庆县、思茅区、景东县、盈江县、景洪市
29	西藏自治区		堆龙德庆县、曲水县、白朗县、江孜县、米林县、班戈县、乃东县、洛隆县、噶尔县
30	陕西省		整省示范推进
31	甘肃省	武威市（民勤县、古浪县、天祝县、凉州区）	泾川县、安定区、庄浪县、景泰县、肃州区、秦州区、武都区、正宁县、肃南县、敦煌市、麦积区、崆峒区、崇信县、永昌县、宕昌县、庆城县、甘州区、岷县、宁县、永靖县
32	青海省	海东市（平安县、乐都区、民和县、互助县、化隆县、循化县）	大通县、湟中县、湟源县、海晏县、门源县、祁连县、刚察县、贵德县、贵南县、兴海县、同仁县、尖扎县、泽库县、格尔木市、乌兰县
33	宁夏回族自治区	固原市（原州区、彭阳县、西吉区、隆德县、泾源县）	永宁县、利通区、石嘴山市、平罗县、惠农区、灵武市、贺兰县、青铜峡市、盐池县、同心县、沙坡头区、中宁县、海原县、红寺堡区、金凤区
34	新疆维吾尔自治区	博州（博乐市、精河县、温泉县）	玛纳斯县、博湖县、伊宁县、库车县、阿克陶县、额敏县、哈密市
35	新疆生产建设兵团		第六师共青团农场
36	黑龙江农垦总局		整垦区示范推进

2015年6月12日农业部关于统筹开展新型职业农民和农村实用人才认定工作的通知（农人发〔2015〕3号）

各省（自治区、直辖市）、计划单列市农业（农牧、农村经济）厅（委、局），新疆生产建设兵团农业局，黑龙江省农垦总局、广东省农垦总局：

根据党中央、国务院有关部署要求，为深入推进新型职业农民和农村实用人才队伍建设，加快完善教育培训、认定管理、政策扶持"三位一体"工作制度，结合前几年的试点实践，经研究，决定在全国统筹开展新型职业农民和农村实用人才认定工作。现就有关事项通知如下。

一、充分认识统筹开展新型职业农民和农村实用人才认定工作的重要性和紧迫性

大力培养新型职业农民和农村实用人才，是党中央、国务院为加快农业农村发展，解决"谁来种地、怎样种好地"问题而提出的一项战略决策。为切实做好新型职业农民培育工作，农业部于2012年启动新型职业农民培育试点，探索建立教育培训、认定管理、政策扶持"三位一体"培育制度，着力培养有文化、懂技术、会经营的新型职业农民，取得了积极成效。农村实用人才是为农业农村经济发展提供服务、做出贡献、起到示范和带头作用的农村劳动者，是广大农民的优秀代表。在农业领域，培养农村实用人才的主要任务就是加快培育新型职业农民。中办、国办联合印发的《关于引导农村土地经营权有序流转发展农业适度规模经营的意见》（中办发〔2014〕61号）明确要求，努力构建新型职业农民和农村实用人才培养、认定、扶持体系，为统筹开展新型职业农民和农村实用人才认定工作指明了方向。

认定工作是衔接教育培训和政策扶持的关键环节，有利于引导新型职业农民和农村实用人才接受教育培训，有利于落实新型职业农民和农村实用人才扶持政策，有利于培养和壮大新型职业农民和农村实用人才队伍。当前，由于条件保障不足、工作基础薄弱、工作中缺乏必要统筹，一些地方还存在认定工作积极性不高、认定主体和标准不明确、认定程序不规范、管理服务不到位等问题，影响了新型职业农民和农村实用人才队伍建设进程，迫切需要进一步提高思想认识，明确工作要求，建立科学有效、系统规范的认定方法和路径，为建立完善新型职业农民培育和农村实用人才培养制度积累经验。根据统筹开展认定工作需要,将农村实用人才调整为新型职业农民、技能带动型和社会服务型三类,同时将新型职业农民调整为生产经营型、专业技能型和专业服务型三类。

二、指导思想和原则

（一）指导思想

统筹开展认定工作要按照党中央、国务院的有关部署要求,以服务深化农村改革、加快推进农业现代化为主线,以精准培育为导向,以精细管理为手段,以政策扶持为保障,推进认定工作的科学化、规范化,建立完善新型职业农民培育和农村实用人才培养制度,加快推动新型职业农民和农村实用人才队伍建设,为现代农业发展和新农村建设提供强有力的人才支撑。

（二）基本原则

1. 政府主导,农民自愿。新型职业农民和农村实用人才队伍建设的公益性、基础性和社会性,要求认定工作必须坚持政府主导,加强统筹协调,出台相关政策,加大扶持力度,提高认定的含金量和吸引力,确保取得实效。要充分尊重农民意愿,着力通过政策吸引和宣传引导,调动农民的积极性和主动性,不得强制和限制农民参加认定。

2. 突出重点,统筹推进。坚持把新型职业农民作为农村实用人才认定的重点,把生产经营型职业农民作为新型职业农民认定的重点,兼顾专业技能型与专业服务型职业农民。把新型职业农民培育示范县和农村实用人才认定试点县作为当前的重点地区,逐步巩固认定工作基础,扩大认定工作覆盖范围。

3. 因地制宜,分类认定。新型职业农民和农村实用人才认定工作必须结合各地实际,围绕现代农业发展对从业者的素质和能力要求明确认定条件,细化认定标准,科学分类评价。鼓励各地探索建立初、中、高三级贯通的认定体系,为实现精准化培育奠定基础。对专业技能型和专业服务型职业农民建立培训制度和统计制度。

三、主要任务

（一）制定认定办法。原则上由县级以上（含）人民政府发布认定管理办法,对认定条件、认定标准、认定程序、认定主体、承办机构、相关责任等进行明确。县级认定管理办法按层级报市级和省级农业行政主管部门备案。

（二）明确认定标准。各地要在充分调研论证的基础上，根据当地产业发展水平和生产要求，以职业素养、教育培训情况、知识技能水平、生产经营规模和生产经营效益等为参考要素，提出生产经营型职业农民认定条件，并根据实际逐步建立初、中、高三个等级的认定标准。

（三）规范认定程序。农民自愿提出认定申请，并填写认定信息采集表（附件1）。县级农业主管部门按照认定管理办法要求，组织开展认定工作。对符合条件和标准的农民要进行公示，公示无异议后，认定为新型职业农民。农业广播电视学校（农民科技教育培训中心）等公共服务机构作为承办机构，具体负责受理审核、建档立册、证书发放、信息库管理及相关组织服务等认定事务，确保认定工作规范开展。

（四）做好专业技能型和专业服务型职业农民统计工作。鼓励专业技能型和专业服务型职业农民参加培训获得培训证书，同时引导他们参加职业技能鉴定获得国家职业资格证书。各地要根据工作实际明确专业技能型和专业服务型职业农民统计标准和指标体系。县级农业行政主管部门要组织做好符合条件农民的统计信息采集（统计信息表见附件2）入库工作。生产经营型职业农民与专业技能型、专业服务型职业农民不重复统计。

（五）做好证书发放。按照既尊重历史又创新发展的原则，完善"绿色证书"制度，对认定的生产经营型职业农民颁发新型职业农民证书（简称"新绿证"），作为享受扶持政策的有效凭证。新型职业农民证书由农业部统一证书式样（见附件3），原则上由县级以上（含）人民政府或授权农业行政主管部门颁发和管理。

（六）加强管理服务。生产经营型职业农民实行动态管理，按年度进行复核。各地要做好新型职业农民信息档案建立工作，登录中国新型职业农民网（www.zhynm.cn），将认定和统计信息采集表录入新型职业农民信息库，实行电子化管理。承办机构要指定专人负责信息采集、录入和更新工作，确保信息采集质量。各级农业行政主管部门要加强信息员培训，定期对入库人员情况进行核查、统计和更新，确保信息及时、准确。

四、保障措施

（一）加强组织领导。各省（自治区、直辖市）农业行政主管部门要高度重视，精心组织，明确责任部门，采取有效措施，加强对基层工作的指导和支持。县级农业行政主管部门要牵头建立相应工作协调机构，出台相关政策,加大扶持力度,确保工作实效。认定管理经费由县级农业行政主管部门从新型职业农民培育工程经费中列支。

(二)构建扶持政策体系。农业部将会同有关部门研究制定专门政策,扶持新型职业农民和农村实用人才。各地要充分利用当前全面深化农村改革、加快发展现代农业的良好契机,争取组织、人社、发改、财政、金融等部门的支持,探索构建新型职业农民和农村实用人才扶持政策体系,把财政补贴资金、示范推广项目、土地流转政策、金融社保支持等与新型职业农民和农村实用人才认定工作挂钩,提高认定的吸引力、含金量和认可度。同时,要建立健全新型职业农民的表彰奖励机制,调动农民参与认定的积极性和主动性。

(三)做好总结宣传。各地要加强认定工作的总结和交流,充分利用广播、电视、报刊、网络等媒体,积极宣传有效做法和成功经验,广泛宣传认定的新型职业农民和农村实用人才典型事迹,努力营造认定工作的良好社会氛围。

请各省(自治区、直辖市)农业行政主管部门在 2015 年 6 月 30 日前,将负责认定工作的具体部门及联系人上报农业部农业农村人才工作领导小组办公室。

联系人:农业部人事劳动司人才工作处　龚一飞
农业部科技教育司教育处　　　靳　红
电　话:010-59191651　59193080
传　真:010-59193301　59193089
邮　箱:rssrcgzc@agri.gov.cn　kjsjyc@agri.gov.cn
附件:1. 生产经营型职业农民认定信息采集表;
2. 专业技能型和专业服务型职业农民统计信息采集表;
3. 新型职业农民证书式样。

农业部
2015 年 6 月 12 日

附件1

见表1-10。

表1-10 生产经营型职业农民认定信息采集表

填表日期＿＿＿年＿＿＿月＿＿＿日

姓名		性别		照片 (一寸)
出生年月		民族		
文化程度	□小学及以下 □初中 □高中 □中专 □大专 □大学及以上			
专业		政治面貌		
身份证号				
手机号码		电子邮箱		
QQ号		微信号		
家庭人口		户籍所在地		
通讯地址				
人员类别	□专业大户 □家庭农场主 □农民合作社带头人 □其他			
专业学习培训经历	是否参加过新型职业农民培训□是□否，参加其他农业培训＿＿＿次/年			
获得证书情况	□农民技术职称＿＿＿＿＿＿＿级 □国家职业资格证书 职业（工种）名称：＿＿＿＿＿ 等级：＿＿＿＿＿ □新型职业农民培训证书 □绿色证书			

产业生产经营基本情况	产业所在地	＿＿＿省（区、市）＿＿＿市（州、盟）＿＿＿县（市、区、旗）		
	家庭从事产业人数		带动农民数量	
	地区类型	□平原 □丘陵 □山区	经济区域类型	□农区 □林区 □牧区 □渔区 □其他
	主体产业：粮油作物、果树、蔬菜、畜牧养殖、水产养殖、休闲农业、农产品加工、其他			
	主体产业1	产业规模	从事年限	
	主体产业2	产业规模	从事年限	
	主体产业3	产业规模	从事年限	
	上年度产业收入（万元）		上年度家庭收入（万元）	

认定时间		认定等级	
认定部门			
农业行政主管部门审核意见	（盖章） 年 月 日		

填表说明：

1. 信息采集表由生产经营型职业农民在初次认定和每次复核时，按个人实际情况填写。

2. 中专、大专、大学及以上文化程度请填写专业。

3. 获取证书情况可多选。

4. 专业学习培训经历可在空白处添加相关内容，字数不超过300字。

5. 主体产业共分为八类：粮油作物、果树、蔬菜、畜牧养殖、水产养殖、休闲农业、农产品加工、其他。可选择1~3项填写，产业规模和年限对应所选主体产业分别填写。

6. 上年度产业收入和上年度家庭收入，初次填写为认定年度上一年的收入，之后填写为审核年度上一年的收入。

7. 认定时间、认定等级和认定部门由认定部门填写，认定时间请填写具体的年、月、日，认定部门请填写部门全称。

附件2

见表1-11。

表1-11 专业技能型和专业服务型职业农民统计信息采集表

填表日期_____年_____月_____日

姓名		性别		
出生年月		民族		
文化程度	□小学及以下 □初中 □高中 □中专 □大专 □大学及以上			照片（一寸）
专业		政治面貌		
身份证号				
手机号码		电子邮箱		
QQ号		微信号		
家庭人口		户籍所在地		
通讯地址				
从事工种/岗位		从业年限	个人从事该工种/岗位年收入（万）	
从业单位类别	□种养大户 □家庭农场 □农民合作社 □农业企业 □农业园区 □其他			
工作地点	_____省（区、市）_____市（州、盟）_____县（市、区、旗）			
获得证书情况	□新型职业农民培训证书 □绿色证书 □国家职业资格证书（与从事工种/岗位相关证书） 职业（工种）名称1：_____ 等级：_____ 职业（工种）名称2：_____ 等级：_____			
专业学习培训经历	是否参加过新型职业农民培训□是□否，参加其他农业培训次/年			
农业行政主管部门审核意见	（盖章） 年 月 日			

填表说明：

1. 信息采集表由专业技能型和专业服务型新型职业农民在统计时，按个人实际情况填写。
2. 个人从事该工种年收入为统计年度的上一年收入。
3. 专业学习培训经历可在空白处添加相关内容，字数不超过300字。
4. 专业技能型职业农民从事工种分类按下列种类进行填写。

（1）农艺工。粮食作物栽培工、棉花作物栽培工、油料作物栽培工、糖料作物栽培工、麻、烟类作物栽培工、啤酒花栽培工、牧草栽培工、其他农艺工。

（2）园艺工。蔬菜园艺工、菌类园艺工、果树园艺工、花卉园艺工、茶园园艺工、蚕桑园艺工、其他园艺工。

（3）牧草工。牧草种子繁育工、牧草种子检验工、牧草栽培工、牧草产品加工工、其他牧草工。

（4）热带作物生产工。橡胶育苗工、橡胶栽培工、橡胶割胶工、橡胶制胶工、其他天然橡胶生产工、剑麻栽培工、剑麻制品工、剑麻纤维生产工、热带作物初制工。

（5）家畜繁殖员。家畜繁殖员。

（6）家畜饲养员。牛羊饲养员、生猪饲养员、其他家畜饲养员。

（7）家禽繁殖员。家禽繁殖员。

（8）家禽饲养员。鸡的饲养员、水禽饲养员、其他家禽饲养员。

（9）特种动物饲养员。特种禽类饲养员、特种经济动物繁育员、药用动物养殖员、蜜蜂饲养员、其他特种动物饲养员。

（10）实验动物养殖员。实验动物养殖员。

（11）渔业生产船员。海洋普通渔业船员、内陆渔业船员、渔船驾驶人员、渔船电机员、渔船无线电操作员、渔船机驾长、渔船轮机人员。

（12）水生动物苗种繁育工。淡水鱼苗种繁育工、淡水虾、蟹、贝类苗种繁育工、海水鱼苗种繁育工、海水虾、蟹、贝类苗种繁育工、珍稀水生动物苗种繁育工、其他水生动物苗种繁育工。

（13）水生植物苗种培育工。海藻育苗工、淡水水生植物苗种培育工、其他水生植物苗种培育工。

（14）水生动物饲养工。淡水成鱼饲养工、淡水虾、蟹、贝类饲养工、海水成鱼饲养工、海水虾、蟹、贝类饲养工、珍稀水生动物饲养工、其他水生动物饲养工。

（15）水生植物栽培工。水生植物栽培工。

（16）珍珠养殖工。淡水育珠工、海水育珠工。

（17）水产捕捞工。淡水捕捞工、海水捕捞工、水生动植物采集工。

（18）其他。农产品贮藏加工人员、其他人员。

5. 专业服务型职业农民从事岗位分类按下列种类进行填写。

（1）种植服务。肥料配方员、种子经销员、农药经销员、农作物植保员、农作物种子繁育员、种苗繁育员、其他种植服务人员。

（2）畜牧服务。村级动物防疫员、兽药经销员、饲料检验化验员、动物检疫检验员、其他畜牧服务人员。

（3）渔业服务。水生植物病害防治员、水生动物病害防治员、水生植物疫病检疫员、水生动物检疫防疫员、水产技术指导员、其他渔业服务人员。

（4）农业机械服务。农业机械操作人员、农业机械维修人员、农机营销员、农机技术指导员、农机服务经纪人、其他农业机械服务人员。

（5）其他。农村经纪人、农村信息员、村级资产管理员、村级奶站管理员、农村土地承包仲裁员、测土配方施肥员、沼气生产工、沼气物管员、农村传统手工业人员、休闲农业服务员、农产品检测员、农村环境保护工、农村节能员、太阳能利用工、微水电利用工、小风电利用工、其他人员

附件3

见图1-1。

（封底） （封面）

新型职业农民证书

中华人民共和国农业部

（内页一） （内页二）

　　为加快培养高素质现代农业生产经营者队伍，依据《××新型职业农民认定管理办法》，认定为新型职业农民。
　　特发此证。

（盖章）
年　月　日

照片
（二寸）

姓名　　　性别
出生日期　　年　月　日
文化程度
身份证号
户籍所在地
产业所在地
主要产业
证书编号

(内页三)

认定级别	
初级	（盖章） 年　月　日
中级	（盖章） 年　月　日
高级	（盖章） 年　月　日

(内页四)

复核记录		
日期	复核结果	复核单位

(内页五)

复核记录		
日期	复核结果	复核单位

(内页六)

证书使用说明
1. 本证加盖发证机关公章后生效。
2. 本证是新型职业农民凭证，不作其他证明。
3. 持证人员可在发证机关所辖区域内按规定享受有关权利并承担义务。
4. 本证应妥善保管，并按规定接受复核。
5. 本证各项填写内容涂改无效。

图1-1　新型职业农民证书式样

2016年5月30日农业部办公厅 财政部办公厅
做好2016年新型职业农民培育工作的通知
（农办财〔2016〕38号）

各省、自治区、直辖市及有关计划单列市农业（农牧、农村经济）厅（委、局）、财政厅（局）、新疆生产建设兵团农业局、财务局，黑龙江省农垦总局、广东省农垦总局：

为深入贯彻落实党中央、国务院关于大力培育新型职业农民的总体部署，加快构建新型职业农民队伍，壮大新型农业经营主体，2016年中央财政继续支持新型职业农民培育工作，鼓励地方创新培育机制，提高资金使用效率。现将有关事项通知如下。

一、工作思路和基本原则

（一）工作思路

按照"科教兴农、人才强农、新型职业农民固农"的战略要求，以造就高素质新型农业经营主体为目标，以服务现代农业产业发展和促进农业从业者职业化为导向，着力培养一大批有文化、懂技术、会经营的新型职业农民，为农业现代化提供强有力的人力保障和智力支撑。

（二）基本原则

坚持政府主导。

新型职业农民培育是一项公益性、基础性、长期性的事业，要坚持政府主导，加强统筹协调，加大支持力度，改善培育条件，营造良好氛围。

尊重农民意愿。

要坚持农民的主体地位，充分听取农民意见，尊重农民意愿，通过提升培训质量和宣传引导，调动农民参训的积极性和主动性，变"要我学"为"我要学"。

立足产业培育。

立足农业主导产业、特色产业和优势产业发展实际，根据产业发展水平和培育对象特点，分类分产业分层次开展培育，强化培育的针对性。

突出培育重点。

以新型农业经营主体带头人为对象，以粮食和优势、特色产业为重点领域，以教育培训为重点环节，把职业农民培养成建设现代农业的主导力量。

二、明确目标任务

以需求为导向，创新管理机制，强化精准培育。主要任务如下。

（一）完善培育制度体系

适应现代农业发展要求，完善适合我国国情的新型职业农民培育制度体系，通过教育培训提高职业农民综合素质和生产经营水平，通过规范管理引导农民走上职业化发展道路，通过政策支持提高职业农民自我发展能力。

（二）建立健全培育机制

探索制定新型职业农民培育管理机构、培训单位、实训基地、农民田间学校的准入标准，加快建立农业行政主管部门负责，农民科技教育培训中心、农业广播电视学校、农民合作社、农业产业化龙头企业、农业科研院所、农业技术推广机构以及其他各类市场主体多方参与、适度竞争的多元培育机制。

（三）构建职业农民队伍

强化新型职业农民培育示范，以整省、整地市和示范县（含现代农业示范区）为重点区域，兼顾其他地区，以新型农业经营主体带头人轮训计划和现代青年农场主培养计划（具体方案另发）为引领，加快培养有文化、懂技术、会经营的新型职业农民。

三、创新实施内容

（一）锁定培育对象

以专业大户、家庭农场、农民合作社、农业企业、返乡涉农创业者等新型农业经营主体带头人为培育对象，按照主导产业摸底调研，掌握培育对象的产业规模、从业年限、技能水平、培训需求、政策要求等信息，建立个人档案，纳入培育对象库。原则上培育对象年龄不超过60周岁。

（二）明确培育主体

培育工作由各级农业行政主管部门牵头具体实施，按照相关条件分区域、分产业、分类型对多方资源进行遴选，确定一批培训机构和实训基地（农民田间学校），并向社会公开。省级农业行政主管部门负责统一组织青年农场主的培养和示范性培训。县级农业行政主管部门牵头组织落实本县培育工作，按要求选送学员到符合条件的培训机构和实训基地进行培育，防止以分派培训任务的方式招标培训机构。要积极采取政府购买服务等形式，吸收市场主体充分参与，优化资源配置，提高培育效率。

（三）遴选优秀师资

按照统一建设、分级使用的原则，建立全国新型职业农民培育师资库。每县要根据需要遴选一批优秀师资纳入师资库，对入库师资要严格把关。各地要分级建立师资库使用管理制度，建立科学的资源配置和考核管理机制，原则上选派入库师资开展教学培训工作，并对入库师资实行考核评价和动态管理，及时清退不合格师资。鼓励优秀师资在全国范围内授课，发挥好入库师资在新型职业农民培育中的重要作用。要加强师资培训和培训规范以及教材建设，提高师资水平，推出一批精品课和精品教材。

（四）创新培育方式

实行"一点两线、全程分段"培训，即以产业发展为立足点，以生产技能和经营管理水平提升为两条主线，分段集中培训、实训实习、参观考察和生产实践相结合，按照不少于一个产业周期全程进行培育。鼓励各地结合实际利用信息化手段开展培育工作，探索农民接受在线教育培训、移动互联服务和在线管理考核等方式，提高培育针对性、有效性和规范性。继续发挥中国现代农业校企联盟暨五大职教集团的作用，推进职业教育与职业培训相衔接，构建多层次培养职业农民立交桥，定向培养职业农民，探索职业农民学历提升教育。鼓励地方因地制宜，创新适合当地特点的培训方式。

四、落实保障措施

（一）强化组织领导

各级农业、财政部门要高度重视新型职业农民培育工作，切实加强组织领导，统筹抓好机制创新、师资选派等工作，推动对职业农民队伍的规范管理和支持政策的落实。各省要抓紧制定省级实施方案，于2016年7月31日前报农业部和财政部备案。各县要成立由县领导任组长，农业、财政等部门参加的领导小组，细化制定县级实施方案，明确目标任务、主要内容、进度安排、保障措施和监督考核等，完善运行机制、保证落实任务。

（二）规范资金使用

中央财政补助资金直接切块到省，具体补助标准由各地结合实际确定，对不同培育形式实行差别化补助，统筹用于新型职业农民培育。对青年农场主培育对象可结合实际适当提高补助标准，实行连续支持；有条件的地方可以探索"政府补贴、部门支持、机构让利、农民出资和先学后补"等补助模式。各省安排资金时要重点向示范县倾斜，并加强资金使用监管，细化支出范围，严禁以现金或实物形式直接分发给农民个人。各县要按照"谁使用、谁负责"的原则建立监管机制，对于挤占挪用、骗取套取补助资金等违法违规行为，对相关责任人依法依规严肃处理。

（三）加强考核管理

新型职业农民培育工作实行分级管理、分层负责，全面推行绩效管理，中央对省、省对县、县对培训机构和培训师资分层进行绩效考核，重点考核培育任务完成、学员满意度、学员库和师资库建设、补助资金使用管理等情况。绩效考评结果要作为下年度资金安排的重要因素。鼓励各地探索由第三方进行培育效果评价的模式。

（四）注重总结宣传

省级农业、财政部门要及时总结各地在新型职业农民培育方面的好做法好经验和存在问题，于2017年1月31日前将工作总结报送农业部和财政部。各地要加大对培育工作和典型学员的宣传力度，及时报送培育工作简报、先进典型等宣传信息，在中国新型职业农民网（www.chinesefarmer.cn）和微信公众号（zgxxzynm）进行推介，积极营造有利于新型职业农民发展的良好氛围。

农业部办公厅　财政部办公厅
2016年5月30日

第二部分
四川省政府及省级农业部门文件

一、四川省政府文件

2015年8月21日四川省人民政府办公厅关于加快新型职业农民培育工作的意见（川办发〔2015〕77号）

各市（州）、县（市、区）人民政府，省政府有关部门、有关直属机构，有关单位：

为深入贯彻落实《中共四川省委四川省人民政府关于全面深化农村改革努力开创"三农"发展新局面的意见》（川委发〔2015〕1号）精神，大力培育新型职业农民，加快构建新型农业经营体系，经省政府领导同志同意，现结合我省实际提出如下意见。

一、总体要求

（一）工作思路。按照"科教兴农、人才强农、新型职业农民固农"要求，坚持立足产业、政府主导、多方参与、注重实效原则，紧紧围绕确保粮食安全和主要农产品有效供给目标任务，以转变农业发展方式为立足点，以提高综合素质和专业技能为核心，加快建立健全教育培训、规范管理和政策扶持"三位一体"的新型职业农民培育体系，培育一批综合素质高、生产经营能力强、主体作用明显的新型职业农民。

（二）目标任务。2015—2020年，累计培育新型职业农民30万人，其中生产经营型18万人、专业技能型6万人、专业服务型6万人。

二、工作重点

（一）建立健全培训制度。一是优选培训对象。立足当地优势特色产业，围绕推进农业适度规模经营，以专业大户、家庭农场主、农民合作社带头人、农业企业专业化社会化服务人员为重点培育对象，强化技能培训，重视素质提升，大力培育以生产经营型为主、兼顾专业技能型和专业服务型的新型职业农民，让真正从事农业生产、迫切需要提升素质和生产技能的农民优先接受培育。二是创新培训方式。突出需求导向，以贴近生产、方便农民、鼓励创业为目标，开展全产业链培养和后续跟踪服务。实行"分段式、重实训、参与式"培育模式，注重针对性、实用性和规范性，强化分类指导。充分利用现代化、信息化手段开展新型职业农民在线教育培训、移动互联服务、在线信息技术咨询、全程跟踪管理与考核评价等，开通新型职业农民网络课堂。三是完善培训体系。统筹各类教育培训资源，加快构建和完善以农业广播电视学校、中高等农业职业院校等专门教育培训机构为主体，农技推广服务机构、农业科研院所、农业企业和农民合作社等多元参与的新型职业农民教育培训体系，满足新型职业农民多层次、多形式、广覆盖、经常化、制度化的教育培训需求。遵循"公开、公正、公平"原则，依法按规确定培训机构。加强培训和实训基地条件建设，不断提高新型职业农民教育培训专业化、标准化水平。完善考核评价办法，鼓励教育培训机构创新教育培训模式，提高教育培训质量。

（二）加强有序规范管理。一是按照国家规定建立新型职业农民认定制度。各地要根据产业发展水平和生产要求，制定认定管理办法，对符合知识技能水平、产业发展规模、生产经营效益、经营管理能力等方面认定条件的，颁发统一新型职业农民证书。二是实行动态管理。对已经认定的新型职业农民，按照属地管理原则进行定期考核，考核不合格的应按规定程序予以退出并不再享受相关扶持政策。三是搭建信息交流平台。建立新型职业农民信息管理系统和档案管理制度，对通过认定的新型职业农民，以县为单位统一建档、统一管理。各地要鼓励依托农民合作社、农业企业等搭建新型职业农民人才信息交流平台，构建新型职业农民人才市场。

（三）构建扶持政策体系。各地要加快构建新型职业农民培育扶持政策体系，激励和吸引一批有志在农村创业兴业的劳动者从事农业规模生产经营，推动形成新型职业农民队伍。一是加大产业扶持力度。统筹用好现有各项支持政策，鼓励和支持新型职业农民兴办农民合作社、家庭农场等，加快培育壮大新型农业经营主体。充分利用新型职业农民培训、新型农业经营主体培育平台，将更多的农民培育成为种养殖大户和行业专业大户，参与实施政府支持项目，改善生产经营方式，提升市场竞争力。二是加强科技扶持。鼓励涉农大专院校、科研院所和公益性农技推广机构积极提供技术指导服务，构建"专家＋农技人员＋新型职业农民＋辐射带动户"的技术快速传递链，推动新品种、新技术率先在新型职业农民身上实现转化和应用。三是加大金融政策支持力度。研究制定农业金融扶持政策，加大信贷资金投放力度，完善小额贷款机制，解决农业生产季节性资金短缺问题。探索健全农业保险政策，完善农业生产风险保障体系，增强适度规模经营抗风险能力。探索建立多种形式的担保机制，鼓励融资担保机构为新型职业农民兴办的农民合作社、家庭农场、农业企业等新型农业经营主体提供融资担保服务；鼓励有条件的市（州）、县（市、区）通过设立融资担保专项资金、担保风险补偿基金等，加大对新型农业经营主体开展农业实体化经营的扶持力度。

三、保障措施

（一）加强组织领导。各地、各有关部门要将新型职业农民培育作为"三农"工作特别是当前形势下农村创业就业工作的重要内容，落实工作责任，确保目标任务顺利完成。各市（州）、县（市、区）人民政府要健全工作机制，结合当地实际制定切实可行的工作方案，把各项任务措施落到实处。

（二）加强协同联动。农业部门要制定新型职业农民培育总体规划，做好工作协调和组织推动工作。教育部门要将新型职业农民培育工作纳入职业教育规划，着力培养农业后继者。财政、人力资源社会保障等相关部门要研究细化扶持政策，各司其职，密切配合，整体推动。

（三）加强投入力度。各地要做好现行支持政策的统筹衔接，加大对新型职业农民教育培训、认定管理及跟踪服务等培育工作的投入，构建新型职业农民培育投入保障机制，形成支持新型职业农民培育的合力。

四川省人民政府办公室
2015 年 8 月 21 日

二、省级农业部门文件

2012年11月15日四川省农业厅关于印发《四川省新型职业农民培育试点工作指导意见》的通知（川农业〔2012〕179号）

各市（州）农业（农牧）局、成都市农委：

为贯彻落实2012年中央和省委1号文件和全省产村相融成片推进新农村建设工作会议精神，推进现代农业发展，保障粮食安全和主要农产品有效供给，决定在全省开展新型职业农民培育试点工作。根据《农业部新型职业农民培育试点方案》并结合我省实际，制定了《四川省新型职业农民培育试点工作指导意见》（以下简称《意见》）。现将《意见》印发给你们，请各地结合实际，开展试点工作，积极探索新型职业农民培育的方法和路径，推动新型职业农民培育工作健康有序发展。

附件：四川省新型职业农民培育试点工作指导意见

四川省农业厅
2012年11月15日

附件：

四川省新型职业农民培育试点工作指导意见

为贯彻落实中共中央、国务院《关于加快推进农业科技创新持续增强农产品供给保障能力的若干意见》和省委、省政府《关于产村相融成片推进新农村建设工作会议》精神，推进现代农业发展，保障粮食安全和主要农产品有效供给，决定在全省开展新型职业农民培育试点工作，制定试点工作指导意见如下。

一、总体思路

根据2012年中央和省委1号文件和全省产村相融成片推进新农村建设

工作会议精神，紧紧围绕确保粮食安全和主要农产品有效供给目标任务，结合各地农业产业发展实际，以转变农业发展方式为立足点，以提高农民素质和农业技能为核心，以资格认定管理为手段，以政策扶持为动力，积极探索新型职业农民培育的方法和路径，加强骨干农民教育培训，激励和吸引一批有志于在农村创业兴业的劳动者从事适度规模农业生产经营，推动形成新型职业农民队伍。

二、基本原则

（一）坚持政府主导的原则。培育新型职业农民应坚持政府主导和统筹协调，明确本地试点工作的具体目标和主要内容，出台相关配套政策和措施，全力推进试点工作。

（二）坚持服务产业的原则。培育新型职业农民应以"米袋子""菜篮子"工程为基础，并与我省"千斤粮万元钱"粮经复合现代农业产业基地建设相结合，围绕各地粮油、蔬菜、水果等主导产业，促进现代农业生产经营主体的快速形成，推进专业化、标准化、规模化和信息化的现代农业发展。

（三）坚持稳步推进的原则。培育新型职业农民事关制度创新等重大问题，要充分尊重农民意愿，通过试点试验示范，在取得经验的基础上稳步推进。

三、工作目标

新型职业农民是主要从事农业生产经营、有一定生产经营规模、并以此为主要收入来源的农业从业者。各市州按照全省试点工作部署，根据当地现代农业产业发展实际，结合农民的需求，以阳光工程等国家和省级农业产业等培训项目为依托，选择1~2个县开展新型职业农民培育试点工作，探索并形成本地新型职业农民培育模式、认定管理办法和政策扶持措施。

力争通过三年试点，总结各地新型职业农民培育经验，形成与我省现代农业产业发展实际紧密结合的新型职业农民培育制度体系，全面推动我省新型职业农民培育工作，造就一支综合素质高、生产经营能力强、主体作用发挥明显的新型职业农民队伍。

四、重点任务

试点工作应围绕提升新型职业农民的科学素养、职业技能和经营能力，促进农村人力资源结构优化和合理配置，着力构建服务农业产业化和现代化发展的新型职业农民培育机制。

（一）探索形成新型职业农民培育模式

1. 分产业研究提出新型职业农民能力素质要求，围绕产前、产中和产后关键环节研究教育培训内容，设置教学培训课程。

2. 重视发挥农业部门自身的教育培训资源，依托各级农业广播电视学校和各层次涉农院校，探索适宜新型职业农民需求的教育新模式。

3. 建设新型职业农民教育培训师资库，采取理论与实践教学相结合，产学交替，多形式教育培训职业农民，提高针对性和实效性；在系统教育培训的基础上，对职业农民开展一对一教学指导和跟踪服务。

4. 结合新型职业农民教育培训需求，组织编写培训教材；加强培训条件建设，建立新型职业农民培养基地。

5. 探索建立新型职业农民教育培训投入保障机制。积极争取各级党委、政府的支持，逐步建立"政府投入、项目支撑"的新型职业农民培育投入机制。

（二）探索制定新型职业农民认定管理办法

1. 根据产业发展水平和生产要求，提出包括知识技能水平、产业发展规模、生产经营效益等为主要内容的新型职业农民认定标准，建立认定程序和个人档案管理制度。

2. 探索与认定制度相配套的新型职业农民准入及退出机制，制定新型职业农民管理办法，对认定的新型职业农民进行动态管理。

3. 依托农民专业合作社、农业产业化龙头企业等构建新型职业农民人才信息公开平台，探索构建新型职业农民人才市场。

（三）探索建立新型职业农民扶持政策体系

1. 研究探索相关扶持政策与新型职业农民挂钩的机制，将国家和各级各部门现有农业产业发展支持政策向新型职业农民倾斜。

2. 研究提出中央和省级扶持新型职业农民发展的政策建议。

3. 研究制定本市、州新型职业农民发展的相关政策措施，形成稳定的制度。具体包括产业扶持政策、科技扶持政策、农业保险政策、金融扶持政策等。

产业扶持政策：在地方党委、政府的领导下，积极探索地方新增的各项惠农政策对新型职业农民的扶持；无公害基地认定、农产品认证、品牌打造等方面，以及新型职业农民领办、新办农民专业合作社、农机合作社等，财政资金如何给予具体支持；新型职业农民引领和带动发展的农业生产基地，在农田水利、机耕道等农业生产性基础设施建设项目予以倾斜。

科技扶持政策：地方农业科研、教学和推广单位技术力量，应优先为新型职业农民引领和带动发展的农业生产基地提供技术指导和服务；对新型职业农民领办的农民专业合作社、引领和带动发展的农业生产基地，在科研成果的推广应用和转化方面，应优先给予科技项目支持。

农业保险政策：积极与相关部门共同探索建立规模种植的风险补偿机制，切实解决新型职业农民投入大、风险大的顾虑，激发他们参保积极性，增强规模经营的抗风险能力。

农业金融扶持政策：积极与相关部门共同探索完善小额贷款机制，加大信贷资金向新型职业农民的投放力度，解决他们生产季节资金短缺的问题。同时探索建立多种形式的担保机制，适当放宽贷款条件，简化贷款手续，切实解决资金周转困难问题。

五、工作要求

（一）加强组织领导

各地要充分认识开展试点工作的重大意义，加强对试点工作的组织领导，成立由县上分管领导为组长、各相关部门为成员的试点工作领导小组，结合本地实际，制定具体工作方案，明确相关部门的工作职责，及时研究解决试点工作中出现的困难和问题，协调相关部门联合推进试点工作。

（二）强化工作落实

试点县由各市、州自行选择。各试点县农业部门负责具体试点工作，要把试点工作纳入本部门重点工作内容，落实相关任务。要加强与有关部门沟通，积极实践，大胆创新，确保试点工作取得实效。充分发挥农业广播电视学校在试点工作中的作用。

（三）加强政策引导

各市、州和试点县也要加大政策支持力度，对认定的新型职业农民，要在土地流转、财政支农项目和惠农政策、税收、金融、保险等方面给予扶持，并制定具体办法。

（四）加强信息报送

各试点县要边试点、边总结，定期向市州农业部门和省农业厅报送试点信息。试点工作结束时，提交一套培育新型职业农民的规范性文件。

2013年12月20日四川省农业厅办公室关于做好部级、省级新增新型职业农民培育试点县申报工作的通知（川农业办函〔2013〕131号）

各市（州）农业（农牧）局（委）：

根据《农业部办公厅关于组织申报新增新型职业农民培育试点县的通知》（农办科〔2013〕69号）精神，2014年起部级新型职业农民培育试点县将由100个增加到300个，鼓励有条件的省选择1个地级市整体推进。结合我省新型职业农民培育工作，现就做好部级、省级新增新型职业农民培育试点县申报工作的有关事项通知如下。

一、试点任务

依托主导产业培育新型职业农民，逐步建立教育培养、认定管理、政策扶持等衔接配套的新型职业农民培育制度体系，为全面开展该项工作打好基础，认定培养一批新型职业农民。

二、申报类别

（一）部级新增新型职业农民培育试点县
（二）部级新型职业农民培育整体推进市
（三）省级新增新型职业农民培训试点县

三、申报条件

（一）新增试点县条件

1. 县政府高度重视和支持农民教育培训工作，承诺健全组织领导机构，协调农业、教育、土地、财政、金融、保险等相关部门合力推进试点。

2. 全县农业产业结构合理，专业化生产水平较高，具有一定的适度规模经营基础和有利于新型职业农民培育成长的政策环境。

3. 全县农民教育培训工作基础扎实，具有承担农民教育培训任务的相应机构、师资队伍和实训条件，农民教育培训经验丰富。

（二）整体推进市条件

1. 市政府高度重视和支持农民教育培训工作，主动协调相关部门合力推进试点,已经出台或将要出台相关意见或规划、实施方案等文件,并在教育培训制度、认定管理办法及相关扶持政策方面有全市较为统一的配套政策,财政投入力度大,能支持指导所辖县的试点工作。

2. 全市所辖2/3的县(市、区)具备试点县条件,并能按时完成试点任务。

四、申报程序

1. 申报工作由省农业厅统一组织。

2. 申报新增试点县的,须经县(市、区)政府同意,由县级农业行政部门正式行文上报所在市级农业行政部门。市级农业行政部门对所辖县(市、区)申报材料进行审核后,统一上报省农业厅。

3. 申报整体推进市的,须经市(州)政府同意,由市级农业行政部门正式行文上报省农业厅。

五、有关要求

1. 各级农业行政部门要高度重视,精心组织,切实将工作积极性高、符合试点条件的市、县择优推荐上来,每个市(州)原则上各个申报类别推荐名额不超过1个。各市(州)农业行政部门于2014年1月13日前,将申报单位排序后填写新增试点县推荐名单汇总表,与申报材料一并报省农业厅科教处。

2. 各申报单位申报材料须包括申报类别、是否经过当地政府同意、申报条件中明确要求的具体事项等内容。

3. 2013年认定的省级新型职业农民培育试点县优先推荐申报部级新增试点县,但须提供2013年开展试点工作的相关文件(如成立机构、加大资金投入、配套扶持政策等)、证明材料和试点工作总结。

联系人及电话:王波　028-85505527

电子邮件:scnykj@126.com

附:新增试点县推荐名单汇总表。

四川省农业厅办公室
2013年12月20日

附件：

见表 2-1。

表 2-1　新增试点县推荐名单汇总表

填报单位：（盖章）

排序	申报类别	申报单位	联系人	手机号	电子邮件	备注

联系人：　　　联系电话：　　　填报时间：　年　月　日

说明：①填报单位及联系人、联系电话等为市（州）农业行政部门填写；②表格中的联系人、联系电话由申报单位填写；③备注中须注明是否为 2013 年省级试点县等内容

2014年1月17日四川省农业厅关于印发《四川省新型职业农民认定办法（暂行）》的通知

各市（州）农业（农牧）局（委）：

根据四川省农业厅《关于印发〈四川省新型职业农民培育试点工作指导意见〉的通知》（川农业〔2012〕179号）精神，制定了《四川省新型职业农民认定办法（暂行）》，现印发你们，请结合本地实际，认真做好新型职业农民认定、管理和服务工作。

附件：四川省新型职业农民认定办法（暂行）。

四川省农业厅
2014年1月17日

附件：

四川省新型职业农民认定办法（暂行）

为做好我省新型职业农民认定工作，根据四川省农业厅《关于印发〈四川省新型职业农民培育试点工作指导意见〉的通知》精神，制定本办法。

一、认定条件

新型职业农民认定按照农民自愿和公开、公平、公正的原则，择优认定。其认定条件为：

（一）遵纪守法、热爱农业、身体健康

（二）接受过阳光工程、农业职业技能鉴定等农业培训或中等及以上农业学历教育合格

（三）具备现代农业理念与知识，有较强的经营管理能力，按照先进的生产经营模式进行农业生产与经营，在当地具有明显的示范引领作用，收入高于当地城镇居民平均收入水平

（四）新型职业农民分为生产经营型、专业技能型和社会服务型3类

生产经营型职业农民：主要包括专业大户、家庭农场主、农民合作社带头人等。粮油作物生产经营规模须达到 30 亩以上（1 亩≈667 平方米，全书同。平原地区 50 亩以上）；经济作物生产经营规模须达到 30 亩以上；代耕代种或单季全程托管作业面积须达到 100 亩以上。

专业技能型职业农民：主要包括农业职业经理人、农业工人、农业雇员等。在农民合作社、家庭农场、专业大户、农业企业等新型生产经营主体中较为稳定地从事农业劳动，具有一定专业技能的农业管理人员和生产经营骨干。

社会服务型职业农民：主要包括农机服务人员、统防统治植保员、农村信息员、农村经纪人等。在社会化服务组织中或个体直接从事农业产前、产中、产后服务人员，服务水平得到农民认可。

二、认定程序

（一）自愿申报。拟申请认定为新型职业农民的人员，向县级农业行政主管部门自主申报，并提供身份证复印件、学历证书复印件及其他相关证书（如阳光工程培训、职业技能培训等证书）等资料。

（二）组织认定。经县级人民政府同意，由县级农业行政部门会同相关部门成立认定工作领导小组，县级农业行政主管部门具体负责认定工作。

（三）颁发证书。新型职业农民证书是农业从业者从事农业行业某一职业所必备的专业知识、技能水平、管理能力和生产发展业绩的证明。符合认定条件的新型职业农民，经认定后，由所在县级农业行政主管部门颁发《四川省新型职业农民证书》，证书有效期为两年。

三、管理服务

（一）加强管理。新型职业农民证书由四川省农业厅统一印制、编号。县级农业行政主管部门负责证书的颁发、登记和管理，实行实名登记、分类归档和动态管理制度，对连续两年未从事本产业的不再认定为新型职业农民。

（二）强化服务。各级政府和农业等部门要在产业发展、农业保险及金融信贷等方面加大对新型职业农民的扶持。农业科研、教学单位要加强对新型职业农民的技术指导服务，在新品种、新技术的推广应用和转化方面优先给予支持。引导、鼓励和帮助持证新型职业农民主动更新知识，提升从业素质和能力。

四、附则

本办法自印发之日起施行，有效期两年。

2014年8月8日四川省农业厅 财政厅关于做好四川省2014年农民培训（民生工程）工作的通知

川农业〔2014〕125号
川财农〔2014〕135号

各市（州）农业（农牧、农机、畜牧、水产）局（委）、财政局：

为贯彻落实党的"十八大"、十八届三中全会、中央农村工作会议和中央、省委1号文件精神，大力培育新型职业农民，加快构建新型农业经营体系，着力解决"谁来种地""如何种好地"的问题，2014年，中央财政安排农民培训补助资金，支持开展新型职业农民培育工作。为确保政策落到实处，提高资金使用效率，现将有关事项通知如下。

一、明确工作思路

按照"科教兴农、人才强农、新型职业农民固农"的战略和省委省政府2014年民生工程任务要求，启动实施新型职业农民培育工程，坚持立足产业、政府主导、多方参与、注重实效的原则，以做大做强新型农业经营主体为导向，整合资源，提高培训的针对性、规范性和有效性，加快建立新型职业农民培育制度，着力培养一支有文化、懂技术、会经营的新型职业农民队伍，为发展现代农业提供强有力的人才支撑。

2014年新型职业农民培育主要有三项任务：一是探索建立培育制度。实行教育培训、认定管理和政策扶持"三位一体"培育，强化生产经营型、专业技能型和社会服务型"三类协同"培训，对符合条件者颁发新型职业农民证书，并配套创设相关政策予以扶持。二是开展示范培育。以1个部级整市示范推进市、20个部级示范县和全省遴选的50个省级示范县，作为新型职业农民培育重点示范区（名单见附件1），发挥示范带动作用。其他地区可结合实际积极探索，大力推动新型职业农民培育工作。三是建立健全培训体系。充分发挥各级农业广播电视学校（农民科技教育培训中心）的作用，统筹利用好农业职业院校、农技推广服务机构、农业高校、科研院所等公益性教育培训资源，并要积极开发农民合作社、农业企业、农业园区等社会化教育培训资源。

二、把握关键环节

（一）确定培育对象。新型职业农民是指以农业生产为职业、具有较高的专业技能、收入主要来自农业且达到一定水平的现代农业从业者，主要分为生产经营型、专业技能型和社会服务型三类。生产经营型主要包括专业大户、家庭农场主、农民合作社骨干等；专业技能型包括长期、稳定在农业企业、农民合作社、家庭农场等新型农业经营主体中从事劳动作业的农业劳动力；社会服务型包括长期从事农业产前、产中、产后服务的农机服务人员、统防统治植保员、村级动物防疫员、农村信息员、农村经纪人、土地仲裁调解员、测土配方施肥员等农业社会化服务人员。

中央财政补助资金重点培育生产经营型职业农民，适当兼顾专业技能型和社会服务型职业农民，其中用于生产经营型职业农民培育的资金比例不得低于70%。各地要按照《四川省新型职业农民认定办法（暂行）》（川农业〔2014〕20号），结合实际，制定出台符合本地农业生产实际的新型职业农民遴选标准，让真正从事农业生产、迫切需要提升素质和生产技能的农民优先接受培育，原则上培育对象年龄不超过55周岁。要做好新型职业农民培育与中、高职学历教育的衔接，全面提升新型职业农民综合素质。

（二）确定培训机构。各级农业部门要遵循公开、公正、公平原则，确定培训机构和实训基地，并进行备案管理。要积极探索政府购买服务的方式，引导和鼓励其他社会培训机构参与；实训基地要加强与国家现代农业示范区、高产创建示范片、农业科技创新与集成示范基地、农民合作社人才培养实训基地、农业企业基地结合。每个项目县承担任务的培训机构不得超过5个。

（三）培训补助标准。具体培育时间和补助标准由各项目县结合实际确定，实行差别补助，同一培育对象3年内不得重复支持。补助资金主要用于农民课堂培训及实训、参观交流、聘请师资等相关支出，不得用于新型职业农民职业教育学杂费补助。

三、强化机制创新

（一）创新培育机制。突出需求导向，开展全产业链培养和后续跟踪服务，及时记录职业农民接受教育培训情况，对考核合格者进行统一认定。加强认定后职业农民的管理和知识更新，出台相应的创业扶持政策。坚持农民自愿，有条件的地方可探索"财政补贴、机构让利、农民出资、先学后补"

等机制，原则上政府补贴一部分、农民自己出一部分，推进培育机制创新。

（二）创新培育模式。实行"分段式、重实训、参与式"培育模式，要根据农业生产周期和农时季节分段安排课程，强化分类指导，对生产经营型、专业技能型和社会服务型分类分产业开展培训，做到"一班一案"，建立指导员制度。要注重实践技能操作，大力推行农民田间学校、送教下乡等培训模式，提高参与性、互动性和实践性。

（三）创新培育内容。加强教材建设和管理，各项目县要参照农业部发布的培训规范，结合本地实际，选择科学、权威、图文并茂、通俗易懂的教材。各项目县要对农民实际需求开展摸底调查，制定针对性强的培育计划。培育机构课程设置要符合农民特点和学习规律，教学实践活动要形式多样，注重针对性、实用性和规范性，并做好后续跟踪服务。

（四）创新培育手段。适应现代远程在线教育发展趋势，充分利用现代化、信息化手段开展新型职业农民在线教育培训、移动互联服务、在线信息技术咨询、全程跟踪管理与考核评价等，开通新型职业农民网络课堂。

四、有关工作要求

（一）强化组织领导。各项目县要切实强化工作协调和组织领导，制定工作方案，明确目标任务、进度安排、监督考核、认定管理、扶持政策等，完善运行机制，确保任务落实，并认真填写新型职业农民培育情况统计表（见附件2）。各项目县将工作方案及统计表于2014年8月25日前报市（州）农业主管部门备案，市（州）农业主管部门于8月28日前将电子版统一报送省农业厅科教处备案，其中，统计表由各市（州）汇总后上报。各市（州）要加强对新型职业农民培育工作的指导和检查，并于2014年11月20日前将项目总结报送省农业厅。

（二）规范资金使用。地方各级财政会同农业等有关部门要切实加强资金监管，及时足额拨付资金，一经发现挤占、截留、挪用资金情况，及时纠正并对相关单位和人员按程序做出处理。

（三）加强项目监管。各级农业部门要会同财政部门按照项目管理要求，明确工作责任，落实管理措施，强化过程督导，严格资金监管，确保政策落实到位，省农业厅、财政厅将重点开展专项检查和绩效考评。

（四）注重宣传引导。今年是实施新型职业农民培育工程的第一年，各地要高度重视信息宣传工作，及时宣传典型模式和成功经验，大力宣传新型职业农民培育成果，并充分利用中国新型职业农民网（www.nmpx.gov.cn）、广播、电视、报刊等媒体，加大宣传力度，营造有利于新型职业农民发展的良好氛围。

附件：1. 新型职业农民培育工程部、省级示范县名单；
2. 新型职业农民培育情况统计表。

四川省农业厅　四川省财政厅
2014 年 8 月 8 日

附件 1

见表 2-2。

表 2-2　新型职业农民培育工程部、省级示范县名单

市（州）	部级示范县	省级示范县
成都市（部级整市示范推进市）	崇州市、金堂县、蒲江县、邛崃市、温江区、彭州市、新津县、大邑县、新都区	
自贡市	荣县	富顺县
攀枝花市		米易县、仁和区
泸州市		泸县、江阳区、叙永县、古蔺县
德阳市	广汉市、绵竹市	中江县、旌阳区
绵阳市	安县	北川县、游仙区、江油市、三台县
广元市	苍溪县	旺苍县
遂宁市	蓬溪县	安居区、射洪县、大英县
内江市		资中县、隆昌县
乐山市		犍为县、五通桥区、井研县
南充市	阆中市、西充县	南部县、营山县
眉山市		仁寿县、洪雅县、东坡区、丹棱县
宜宾市	江安县	宜宾县、南溪县、长宁县、兴文县
广安市	前锋区	邻水县、岳池县、广安区
达州市	宣汉县	达县、大竹县、渠县
雅安市		名山县
巴中市		平昌县、恩阳区、通江县

（续表）

市（州）	部级示范县	省级示范县
资阳市		安岳县、雁江区、简阳市
阿坝州		茂县、壤塘县、理县
甘孜州		泸定县
凉山州		西昌市
合计	9个	11个　50个

附件2

见表2-3。

表2-3　新型职业农民培育情况统计表

市（州）：

县（市、区）	培训计划（人）				培训机构名单					
	合计	生产经营型	专业技能型	社会服务型	合计（数量）	1	2	3	4	5
合计										

2015年4月24日四川省农业厅 财政厅关于做好四川省2015年新型职业农民培育工作的通知（川农业〔2015〕40号）

各市（州）、县（市、区）农业（农牧、农机、畜牧、水产）局（委）、财政局：

为贯彻落实党的"十八大"、十八届三中、四中全会、中央农村工作会议和中央、省委1号文件精神，大力培育新型职业农民，加快构建新型农业经营体系，着力解决"谁来种地""如何种好地"的问题，2015年，中央财政继续安排农民培训补助资金，专项用于新型职业农民培育工作。为确保政策落到实处，提高资金使用效率，现将有关事项通知如下。

一、工作思路

按照《农业部办公厅、财政部办公厅关于组织实施好2015年财政支农相关项目的通知》（农办财〔2015〕8号）、《关于做好2015年新型职业农民培育工作的通知》（农科（教育）函〔2015〕第68号）精神，继续落实《四川省农业厅、四川省财政厅关于做好四川省2014年农民培训（民生工程）工作的通知》（川农业〔2014〕125号）要求，明确工作思路，主动适应经济发展新常态，按照稳粮增收转方式、提质增效调结构的总要求，坚持立足产业、政府主导、多方参与、注重实效的原则，强化项目实施管理，创新培育模式、提升培育质量，加快建立"三位一体、三类协同、三级贯通"的新型职业农民培育制度体系，着力培养一支有文化、懂技术、会经营的新型职业农民队伍，为发展现代农业提供有力的人才支撑。

二、示范规模

2015年，新型职业农民培育工程在全省175个县（市、区）实施，并以2个部级整市示范推进市（含13个部级示范县）、30个部级示范县和27个省级示范县（名单见附件1），作为新型职业农民培育重点示范区，发挥示范带动作用。两个整市推进示范市的重点任务是研究编制规划、出台指导文件；各示范县的重点任务是开展教育培训和认定管理，制定和落实支持扶持政策，创新机制模式，健全制度体系。其他项目实施地区也要按照统一部署，结合实际积极探索，认真组织好培育工作。

同时，农业部将联合相关部门启动实施现代青年农场主培育计划，遴选部分专业大户和返乡创业的大学生、农民工，重点培育和孵化，支持农村青年创业兴业（通知另发）。

三、补助标准

结合我省实际，生产经营型、专业技能型和社会服务型新型职业农民的具体补助标准为：生产经营型按人均 3 000 元标准予以补助，累计培训时间不少于 15 天；专业技能型和社会服务型按人均 1 000 元标准予以补助，累计培训时间不少于 7 天。项目资金主要用于培训、认定管理、信息化手段和后续跟踪服务等全过程培育。

四、有关要求

（一）加强组织领导。两个整市推进示范市和各项目实施县要切实强化工作协调和组织领导，成立协调领导小组，制定工作方案，积极探索培育模式，出台新型职业农民教育培训制度、认定管理办法和扶持政策，努力使培育工作落地落实。各项目县要认真填写新型职业农民培育情况统计表（见附件2），并将工作方案及统计表于 2015 年 5 月 25 日前报市（州）农业行政主管部门备案，市（州）农业行政主管部门于 5 月底前将电子版统一报送省农业厅科教处备案，其中，统计表由各市（州）汇总后上报。各市（州）要加强对新型职业农民培育工作的指导和检查，并于 2015 年 11 月 20 日前将项目总结报送省农业厅。

（二）加强基础建设。师资、教材、基地、田间学校是做好职业农民培育工作的重要基础。今年，农业部将启动智慧农民云平台、师资库、精品课、精品教材、职业农民创业基地（园）等建设，各地要依托农民科技教育培训中心（农广校）等，加强新型职业农民培育各项基础建设。要认真选用和组编好精品教材，分类型分产业开展培训工作。要强化农民田间学校建设，依托农业园区、农业企业、农民合作社等在产业链上培育新型职业农民，提高培育工作的针对性和实效性。

（三）强化项目监管。各地要按照需求导向，认真开展培育需求调研，按三年不重复的原则，做好 2014—2016 年培育规划，坚持公开平等的原则遴选好培育对象，严禁以招标方式简单分派培训指标任务。要按照全过程培育的要求做好项目资金的细化，合理安排资金使用进度，及时足额拨付资金，确保资金使用效果，鼓励项目县开展年度资金专项审计。要开展专项检查和绩效考评，严格过程监管，确保规范培育。各地要通过新型职业农民培育工程信息管理系统及时填报培育信息。

（四）注重宣传引导。今年农业部将推出新型职业农民培育十大典型模式供各地借鉴学习。各地要高度重视信息宣传工作，进一步加强典型经验总结，加大宣传力度，充分利用网络、广播、电视、报刊等媒体，及时宣传报道各地的成功做法和先进典型，营造有利于新型职业农民培育的良好氛围。

附件：1. 新型职业农民培育工程部、省级示范县名单；
　　　2. 新型职业农民培育情况统计表。

四川省农业厅　四川省财政厅
2015 年 4 月 24 日

附件1

见表 2-4。

表 2-4　新型职业农民培育工程部、省级示范县名单

市（州）	部级示范县	省级示范县
成都市（部级整市示范推进市）	崇州市、金堂县、蒲江县、邛崃市、温江区、彭州市、新津县、大邑县、新都区	
绵阳市（部级整市示范推进市）	安县、游仙区、江油市、三台县	北川县
自贡市	荣县、富顺县	
攀枝花市	米易县	仁和区
泸州市	泸县、古蔺县	江阳区、叙永县
德阳市	广汉市、绵竹市	中江县、旌阳区
广元市	苍溪县	旺苍县
遂宁市	蓬溪县、射洪县	安居区、大英县
内江市	资中县	隆昌县
乐山市	犍为县、井研县	五通桥区
南充市	阆中市、西充县	南部县、营山县
眉山市	东坡区、丹棱县	仁寿县、洪雅县
宜宾市	江安、县宜宾县、长宁县	南溪县、兴文县

(续表)

市（州）	部级示范县	省级示范县
广安市	前锋区、岳池县	邻水县、广安区
达州市	宣汉县	达县、大竹县、渠县
雅安市	名山县	
巴中市	恩阳区	平昌县、通江县
资阳市	雁江区	安岳县、简阳市
阿坝州	茂县、理县	壤塘县
甘孜州	泸定县	
凉山州	西昌市	
合计	13个　　　　30个	27个

附件2

见表2-5。

表2-5　新型职业农民培育情况统计表

市（州）：

县（市、区）	培训计划（人）				培训机构名单					
	合计	生产经营型	专业技能型	社会服务型	合计（数量）	1	2	3	4	5
合计										

2015年8月10日四川省财政厅 四川省农业厅关于印发《四川省农民培训补助资金管理办法》的通知（川财农〔2015〕148号）

各市（州）、扩权试点县（市）财政局、农业（农机、畜牧、水产）局：

为规范我省农民培训项目财政补助资金管理，确保资金安全高效使用，根据《中华人民共和国预算法》和农业部、财政部关于农民培训的有关政策要求，财政厅会同农业厅制定了《四川省农民培训补助资金管理办法》，现印发你们，请遵照执行。

四川省财政厅 四川省农业厅
2015年8月10日

四川省农民培训补助资金管理办法

第一章 总 则

第一条 为加强和规范我省农民培训项目补助资金（以下简称"培训补助资金"）管理，提高资金使用效益，根据《中华人民共和国预算法》和农业部、财政部关于农民培训的有关政策要求，结合我省实际，制定本办法。

第二条 本办法所称培训补助资金是指用于开展新型职业农民培育的专项资金。

第三条 本办法所称新型职业农民是指以农业为职业、具有一定的专业技能、收入主要来自农业的现代农业从业者，主要分为生产经营型、专业技能型和专业服务型三类。

第二章 资金分配与拨付

第四条 培训补助资金实行因素法分配。根据产业规模、农民人口规模、新型职业农民培育需求，充分考虑贫困县发展因素，重点向部级、省级新型职业农民培育示范县以及贫困县倾斜。

第五条 在扶贫攻坚期，分配到贫困县的农民培训补助资金总额按照中共四川省委《关于集中力量打赢扶贫开发攻坚战确保同步全面建成小康社会的决定》关于"省直有关部门每年投向贫困县的项目资金，原则上达到

50%以上"执行,并且须用于贫困县的新型职业农民培育,专款专用,补助标准按本办法第十三条执行。

第六条 统筹用好新型农业经营主体培育政策,将更多的贫困县农户培育成专业大户、家庭农场主、农民合作社骨干等生产经营型职业农民。对贫困县有培训需求的农民年龄可适当放宽。

第七条 项目县根据下达的资金额度和印发的相关通知要求,编制农民培训项目实施方案,经市(州)农业主管部门、财政部门联合审批同意后(含对扩权试点县市),报农业厅、财政厅备案。

第八条 市(州)财政部门应会同农业主管部门按照规定,认真审查所辖项目县的实施方案。审定批复的方案是绩效评价的重要依据。

第九条 项目县应严格按照市(州)审批的实施方案组织实施。若需调整,应按原程序报批并经农业厅、财政厅备案后组织实施。

第三章 资金使用范围

第十条 培训补助资金的主要培训对象是生产经营型职业农民,适当兼顾专业技能型和专业服务型职业农民,其中,用于生产经营型职业农民培育的资金比例不得低于70%。

第十一条 培训补助资金主要用于培训、认定管理、信息化手段和后续跟踪服务等相关合理支出。其中,用于培训费用的支出不得低于培训补助资金总额的90%。

(一)培训费用。包括教材费、教学耗材费、教师讲课费、学员食宿费、教学场地及设施使用或租赁费、实训费、宣传组织费、联系学员通讯费、教学(实训)交通费、班级管理人员补助费等。

(二)认定管理费用。包括对新型职业农民开展认定管理工作时产生的现场核查、评审、档案管理以及新型职业农民证书等费用。

(三)信息化手段费用。包括对新型职业农民提供在线教育培训、在线信息技术咨询等费用。

(四)后续跟踪服务费用。包括对新型职业农民开展创业孵化、技术支持等费用。

第十二条 培训补助资金对同一培育对象三年内不得重复支持。现代青年农场主计划培育对象可按国家相关部委的规定连续支持两年。

第十三条 培训补助资金标准:生产经营型按3 000元/人予以补助,累计培训时间不少于15天;专业技能型和专业服务型按1 000元/人予以补助,累计培训时间不少于7天。

第十四条 培训补助资金实行县级报账制。培训机构完成培训任务后,向当地农业主管部门提出申请,经验收合格,由当地财政部门将培训补助资金及时足额拨付培训机构。

第十五条 以后年度若中央政策有变化,将按照新的政策执行。具体补助对象、补助范围、补助标准等将在年度实施指导意见中予以明确。

第四章 监督与管理

第十六条 项目县应当遵循"公开、公正、公平"原则,依法按规择优确定培训机构和实训基地,并进行备案管理。具备条件的地方,要积极探索政府购买服务的方式,引导和鼓励其他社会培训机构参与。每个项目县承担任务的培训机构不得超过5个。

第十七条 市(州)财政部门要会同同级农业主管部门,切实承担对所辖项目县(含扩权试点县、市)农民培训专项资金的监管职责,健全考评指标体系,并按规定组织开展绩效考评。

第十八条 项目县应建立健全项目资金管理制度,加强财务管理、档案管理,并接受财政、纪检监察、审计等部门的监督检查。

第十九条 市县财政部门应会同农业主管部门加强项目资金监管,加大监督检查力度,对专项资金使用管理中违规违纪的,依照《预算法》《财政违法行为处罚处分条例》(国务院令第427号)处理,涉嫌犯罪的,移交司法机关。

第五章 附则

第二十条 项目县(市、区)财政部门和农业主管部门可根据本办法制定实施细则。

第二十一条 本办法由财政厅、农业厅负责解释。

第二十二条 本办法自发布之日起施行。

第三部分
绵阳市政府及市级农业部门文件

一、绵阳市市政府文件

2015年10月8日绵阳市人民政府办公室关于加快培育新型职业农民的意见（绵府办发〔2015〕66号）

各县市区人民政府，各园区管委会，市级有关部门：

为加快培育新型职业农民，发展壮大现代农业生产经营者队伍，构建新型农业经营体系，加速推动全市农业发展转型升级，根据《四川省人民政府办公厅关于加快新型职业农民培育工作的意见》（川办发〔2015〕77号）和《中共绵阳市委关于全面深化改革的决定》（绵委发〔2014〕8号）文件精神，现就我市加快培育新型职业农民工作提出如下意见。

一、总体思路和目标任务

（一）总体思路。坚持"政府主导、农民主体、需求导向、综合配套"的原则，以转变农业发展方式为立足点，以满足现代农业规模化、集约化生产经营需求和促进农民持续增收为出发点，以稳定发展农业生产、保障农产品有效供给和实现现代农业产业倍增为核心，通过建立完善相关体制机制、政策制度，加快培育一批具有较强市场意识、较高生产技能、较强管理能力和较高经营水平的现代新型职业农民。

（二）目标任务。2015—2020年，全市累计培育新型职业农民4万人。其中：生产经营型2万人、专业技能型1.2万人、社会服务型0.8万人。

二、重点工作

（一）规范新型职业农民培育对象遴选办法。培育对象主要从有一定文化程度和农业生产管理技能的种养能手、农业新型经营主体领办创办人、立志投身农业事业的返乡农民工、城镇居民、复退伍军人、回乡大中专毕业生和熟悉农业生产经营管理的其他人员中产生。凡在我市境内年龄18～55周岁，遵纪守法，诚实守信，无不良行为记录，立志从事现代农业发展（包括种植业、畜禽水产养殖业、农机作业、乡村旅游业、农产品加工营销业等），且以农业作为职业的公民均可向所在乡镇（主要生产经营场地所在乡镇）提出书面申请，经乡镇政府初选、县级农业行政主管部门审核后，县级农业行政主管部门将符合培育条件对象纳入其培育计划。

（二）构建新型职业农民教育培训体系。各县市区应统筹各类教育培训资源，加快构建和完善以农业广播电视学校、农民科技教育培训中心等农民教育培训专门机构为主体，中高等农业职业院校、农技推广服务机构、农业科研院所、农业大学、农业产业化龙头企业和农民合作社广泛参与的新型职业农民教育培训体系，抓好农民培训基地和师资队伍建设，完善教学培训条件，满足新型职业农民多层次、多形式、广覆盖、经常性、制度化的教育培训需求。坚持"公开、公平、公正"原则，依法依规确定培训机构。

（三）建立新型职业农民培训机制。建立和完善"政府主导、上下联动、多元参与、广泛培训"的工作机制。转变培训教育方式，针对职业农民生产生活实际，紧扣农业产业发展和农时特点，坚持理论与实践紧密结合，科学编制培训规划和实施方案，把教学班办到专业村、合作社、养殖场、示范园。建立导师制度，提供长期指导服务。坚持生产经营型分产业、专业技能型按工种、社会服务型按岗位开展农业系统培训或实施农科职业教育，使培育对象在文化、技术技能、经营素质等方面得到较大提高，真正成为有文化、懂技术、会经营、善管理的新型职业农民。

（四）健全新型职业农民认定管理制度。按照自愿申请、免费认定、分级管理的要求，积极探索开展新型职业农民的认定管理工作，建立完整的数据库和信息管理系统。在认定上，各县市区应结合本地实际，参考四川省和绵阳市制定的新型职业农民认定办法，制定符合本地实际的新型职业农民评定标准，对符合条件的颁发四川省统一印制的《四川省新型职业农民证书》。建立市、县两级新型职业农民人才资源信息库，及时公开新型职业农民特长、绩效、诚信等动态信息情况，促进其在市域内交流聘用。建立动态管理机制，对已取得证书的新型职业农民，每两年对其职业素养、业绩、诚信等情况进行复评，复评不合格的取消新型职业农民资格；凡出现农产品质量安全、违法违规和诚信等问题的，立即取消新型职业农民资格。

三、相关政策支持

（一）加强财政投入支持。市县财政通过贴息、奖补等形式，支持新型职业农民兴建生产服务设施、建设原料生产基地、扩大生产规模、推进技术改造升级、建立科技研发机构等。支持新型职业农民领办创办家庭农场、农民专业合作社、农业企业等农业新型经营主体。优先推荐评定市级及以上示范农民合作社和家庭农场,符合条件的优先享受市县农民专业合作社和家庭农场专项资金扶持。积极建立新型职业农民培育专项资金,并列入财政预算,重点用于新型职业农民的教育培训、技能鉴定及引导奖励等。各县市区要结合本地实际,进一步细化财政扶持措施。

(二)加强金融服务支持。加强对新型职业农民的金融服务,依法开展抵押贷款和质押贷款。积极支持新型职业农民创办、领办的新型经营主体参与粮油等重要农产品收购营销业务、农产品精深加工和粮油全产业链经营、重点农业科技成果转化推广应用,以及纳入国家农业综合开发经营扶持、承担国家及省市级规划或财政补贴支持的农产品生产能力建设、农业基础设施建设、农产品物流、农产品批发市场建设等。加大信贷支持力度,做好对新型职业农民及其创办领办新型经营主体的信用等级评估工作。鼓励融资担保机构为新型职业农民扩大生产经营规模提供融资担保服务。对符合条件的农业担保机构给予一定风险补偿。优化保险服务,引导新型职业农民参保。

(三)加强科技帮扶支持。支持新型职业农民自办或经营的龙头企业与大专院校、科研院所建立联合实验室、新品(新品种、新产品、新技术)研发基地。新型职业农民领办、新办、经营的农民合作社或企业进行农业科技项目的研发、推广、应用和转化的,同等条件下优先给予立项支持。鼓励建立和发展壮大新型职业农民协会及产业分会。对于符合条件的优秀新型职业农民,选派进入大中专院校进行免费学习培训;对符合农民专业技术职称资格条件者优先申报、晋升农民专业技术职称。对符合条件的新型职业农民,指导、支持其产业或产品申报品牌认证。

(四)落实税收优惠政策。对新型职业农民创办领办的新型经营主体取得的具有专项用途的财政性扶持资金,符合政策规定条件的,企业所得税按照不征税收入处理。对拖拉机不征车船税,直接用于农、林、牧、渔业的生产用地免缴城镇土地使用税。对新型职业农民从事符合条件的农产品初加工所得按规定免征企业所得税。对新型职业农民从事农业机耕、排灌、植物保护、农牧保险以及相关技术培训业务,家禽、牲畜、水生动物的配种和疾病防治所取得的收入,免征营业税。

(五)加强设施建设支持。支持新型职业农民扩建、新建优质农产品生产加工基地。安排年度新增建设用地计划时,合理安排好新型职业农民建设生产加工基地配套设施(禽畜圈舍及加工、管理、仓储用房等)项目建设用地,切实优化项目用地审批、供应程序,加快推进项目落地,认真落实相关法律、法规及政策,全力保障新型经营主体合法用地需求。切实保障生产加工基地正常生产用电、汽柴油等能源需求。

四、保障措施

（一）强化组织领导。为切实加强对新型职业农民培育工作的组织领导，市政府成立绵阳市新型职业农民培育工作协调小组。

组长：分管农业工作副市长。

成员单位：市农业局、市财政局、市发改委、市教体局、市人社局、市地税局、市国土局、市科知局、人民银行绵阳中心支行等部门。

协调小组办公室设在市农业局，负责日常工作。

建立新型职业农民培育联席会议制度，细化试点任务，明确责任分工，及时研究解决工作中出现的新情况、新问题，统筹协调推进新型职业农民培育整市示范推进各项工作。将新型职业农民培育工作纳入农业农村工作考核内容，夯实新型职业农民培育的组织保障。

（二）强化责任落实。农业部门要加强对新型职业农民的培训和指导，基层农业技术推广站等部门要为新型职业农民提供政策咨询、手续办理等服务。工商部门要强化对新型职业农民领办兴办新型经营主体登记前咨询辅导。财政、税务、质监、交通运输、国土资源、发改、科技、金融、电力等部门和单位要认真落实各项政策，形成扶持合力。

（三）强化全程监管。各地要按照需求导向，认真开展培育需求调研，组织遴选好培育对象，严禁以简单方式分派新型职业农民培育指标任务。要按照全过程培育的要求做好培训项目、扶持政策资金的细化，确保资金使用效果。开展新型职业农民培育专项检查和绩效考评，严格过程监管，确保规范培育。加强农业补贴资金和专项资金的监督管理，完善资金拨付程序，确保新型职业农民享受支农惠农政策。

（四）强化宣传典型。各地要进一步加强典型经验总结，组织开展优秀新型职业农民评选活动，加大对优秀典型的宣传力度，充分利用互联网、广播、电视、报刊等媒体，及时宣传报道各地的有效做法和先进典型，营造有利于新型职业农民成长的良好社会氛围。

绵阳市人民政府办公室
2015 年 10 月 8 日

二、市级农业部门文件

2013年3月8日绵阳市农业局关于印发《绵阳市新型职业农民培育试点工作实施方案》的通知（绵农发〔2013〕49号）

安县、北川县、游仙区、梓潼县农业局：

按照省农业厅印发的《四川省新型职业农民培育试点工作指导意见》（川农业〔2012〕179号）要求，今年启动新型职业农民培育试点工作。现结合我市农村发展和农业生产实际，特制定本实施方案，希望相关县区认真组织落实，全面完成试点工作各项目标任务。

附件：绵阳市新型职业农民培育试点工作实施方案。

2013年3月8日

附件：

绵阳市新型职业农民培育试点工作实施方案

为贯彻落实2013年中央1号文件提出的"围绕现代农业建设，着力构建集约化、专业化、组织化、社会化相结合的新型农业经营体系。大力培育专业大户、家庭农场、农民合作社等新型生产经营主体，强化现代农业基础支撑"精神，按照省农业厅印发的《四川省新型职业农民培育试点工作指导意见》（川农业〔2012〕179号）要求，结合我市农村发展和农业生产实际，启动新型职业农民培育试点工作，特制定本实施方案。

一、工作思路

按照中央1号文件要求：积极构建集约化、专业化、组织化、社会化相结合的新型农业经营体系，发展壮大新型农业经营主体，稳步提高农民组织化程度，激发农村发展活力。积极探索培育新型职业农民的方法和路径，培育一大批有志于在农村创业兴业的劳动者，为未来农业和农村经济可持续发展提供人力资源保障。

二、基本原则

一是坚持政府主导，部门统筹协作的原则。充分发挥有关行业部门在新型职业农民培育工作中的作用，构建起科学、合理的新型职业农民培育运行机制；二是坚持因地制宜、服务产业的原则。培育新型职业农民应以"米袋子""菜篮子"等民生工程为基础，根据绵阳区域优势，重点围绕种植、畜牧、农机等主导产业和工种开展工作；三是坚持以点带面、稳妥推进的原则。在培育工作中要充分尊重农民意愿，优先选择基础条件较好的区县和行业工种，通过小规模的示范培育和帮扶带动，不断总结提高，稳步推进。

三、工作目标和任务

（一）工作目标

1. 完成安县、北川省级试点县和游仙、梓潼市级试点县工作。力争通过 1~2 年的试点，培育 1 400 名具有辐射带动作用的新型职业农民。

2. 培育第一年以种养加方面 3~4 个工种为主，第二年扩大到其他方面和工种；培育方式采取集中理论学习和专家定点指导帮扶等形式，分类举办级新型职业农民培育培训班。

3. 提升培育对象的职业素养、专业技能和生产经营管理能力，通过认证合格后，颁发新型职业农民认定证书，获得证书者可享受政府制定的有关优惠政策。

（二）主要任务

促进农村从业者人才资源结构优化与合理配置，探索科学构建新型职业农民培育的长效机制，促进新型职业农民队伍发展壮大。

一是积极探索新型职业农民培育模式。通过举办全市新型职业农民培育培训班，提高培育农民的理论水平；通过专家"一对一""面对面"指导和跟踪服务提高培育农民的实践操作水平和解决生产实际能力；通过邀请科研院所、大中专院校与地方开展"校地联姻""院地合作""院县共建"等形式为培育农民提供全方位"多帮一"服务；通过引导涉农企业开展"公司＋基地＋农户"等方式为培育农民提供生产计划和产品销售等服务。通过多种服务形式，探索一套适合我市新型职业农民成长的培育模式和先进适用的生产服务手段。

二是做好新型职业农民培训师资库建设。教育培训质量的高低，取决于师资队伍的素质。需要制定和建立一套来源稳定、结构分布合理、专业水平高的师资选聘、考核与培养制度，并建立培训师资人才库。凡是被选聘担任新型职业农民培训的教师，必须是经过市级农业主管部门认可或者市级农业主管部门专门培训考核并取得新型职业农民培训教师资格证，纳入师资人才库中的人员，实行持证授课准入制度。

三是积极探索建立新型职业农民教育培训投入保障机制和扶持政策体系。积极争取各级党委政府的支持，将全市新型职业农民培育工作所需经费纳入财政预算，建立稳定的培育投入机制。制定出台培育新型职业农民的扶持政策措施与激励机制：包括产业扶持政策、科技扶持政策、农业保险政策、社保扶持政策、金融扶持政策、土地流转扶持政策等。凡是被认定为新型职业农民者，在农业产业项目申报、无公害农产品基地认定、农产品质量认证、品牌打造，以及领办、新办农民专业合作社，农村土地流转、财政资金、农业保险、生产经营性贷款、税收等方面将给予优惠倾斜与支持，鼓励取得新型职业农民资格认证的农民把自身产业做大做强，促进地方经济发展。

四是切实探索制定新型职业农民认定管理办法。通过开展新型职业农民培育试点工作，初步摸索一套有关新型职业农民资质条件的界定、评审制度的建立、培训与认定程序的确定、组织管理以及后续跟踪服务与退出机制等制度，为今后国家全面实施新型职业农民培育奠定良好的基础。

四、培育对象与培训内容

（一）培育对象。主要培育对象为全市以种植、畜牧、农机、农产品加工、农产品营销等为主业的专业大户、农民合作社社员、家庭农场主，具有一定生产经营规模，具有较高经济收入，具有初中及以上文化程度，年龄在18~60周岁之间。

（二）培训内容。根据所选定的产业和工种，结合农业现代化和新农村建设需要，主要开展以农业生产及管理技术、农产品贮藏加工技术、农机操作及维修技术、农业经营管理、市场开拓、产品营销及农村社会管理、农村政策与法规、职业道德等知识为重点的理论教学与生产实践技能培训。

五、培育方式和时间

（一）培育方式。主要采取集中理论教学和现场指导服务两种形式。现场指导服务如：农业科技专家进村入户"一对一""面对面"对专业大户进行指导，以及引导涉农企业开展"公司＋基地＋农户"，举办农村科技服务超市，学员生产实践技能操作等方式相结合，把理论教学融入生产实践过程中去，把课堂搬到乡村、合作社、示范园、企业及农场，提高培训效果。

（二）时间安排。

2013年3月，制定实施方案；

2013年4月，组织试点县培育对象申报；

2013年5—6月，确定培训专业，遴选培育对象；

2013年7—11月，开展培育培训工作；

2013年12月，开展第一次职业农民资格认定和试点工作阶段总结；

2014年1—10月，开展第二次职业农民资格认定和试点工作，探索和完善职业农民培育模式、认定办法、培育保障机制以及扶持激励政策体系；

2014年11—12月，全面总结并形成试点工作报告提交省农业厅及市级有关部门。

六、保障措施

（一）加强组织领导。市农业局由分管领导牵头组织试点工作推进团队，成员由相关业务部门和试点县区的负责人组成，负责制定工作方案，研究解决试点工作中出现的困难和问题，检查、督促工作进度，验收和考核工作目标任务。局科教科具体负责联系协调。

（二）争取专项资金。积极争取省市相关部门的资金支持，在今年农业科技教育培训的相关项目中，优先安排试点工作经费。列入试点的相关县区，也要积极争取本级财政支持，落实必需的试点经费，确保试点工作顺利推进。

（三）加强与有关部门的协调。新型职业农民培育工作是一项系统工程，需要各业务部门的共同配合。各试点县区要加强同财政、税收、金融、保险等部门的联系协调，争取各项支农政策向新型职业农民倾斜。

（四）落实工作责任。市农业局主要职责是加强对各试点县区的指导，各试点县农业部门具体负责试点工作。要落实工作人员，把工作任务分解到相关部门和人头，充分发挥农业局系统丰富的专业技术人才优势和农业技术推广及农民教育培训功能，确保顺利完成试点任务。

2013年3月7日

2013年11月4日绵阳市农业局关于印发《绵阳市市级新型职业农民认定管理办法（试行）》的通知

各县（市、区）农业局、畜牧兽医局，各园区农牧业主管部门：

为加快培育新型职业农民，规范新型职业农民的认定管理，确保全市新型职业农民培育试点工作扎实推进，按照《四川省新型职业农民培育试点工作指导意见》（川农业〔2012〕179号）文件要求，市农业局制定了《绵阳市市级新型职业农民认定管理办法（试行）》，请结合你地农牧业产业发展实际，切实抓好新型职业农民培育工作。

绵阳市农业局
2013年11月4日

绵阳市市级新型职业农民认定管理办法（试行）

第一章　总则

第一条　为加速推动我市农业现代化发展进程，促进农业专业化、标准化和规模化经营，提高农产品产出率和商品化率，促进粮油、生猪、蔬菜等农畜产品持续增产，农业增效，农民增收，加快培育农村新型经营主体，培育一批有文化、懂技术、会经营、善管理的新型职业农民。根据《中共中央国务院关于加快发展现代农业进一步增强农村发展活力的若干意见》（中发〔2013〕1号）文件精神，按照《四川省新型职业农民培育试点工作指导意见》（川农业〔2012〕179号）文件要求，结合我市实际，特制定本办法。

第二条　新型职业农民必须思想理念先进、创业欲望强烈、市场意识超前、务农意愿稳定、社会责任意识较强、具备"以农业为职业、占有一定的资源、有一定的专业技能、有一定的资金投入能力、收入主要来自农业"五个基本特征。新型职业农民是农业科技的活跃受体、农村先进生产力的典型代表。

第三条　本办法适用于我市新型职业农民培育试点工作期间各县（市、区）培育合格的新型职业农民资格认定及管理，产业暂定种植业、养殖业、农机作业。

第二章 认定标准及条件

第四条 新型职业农民的资格认定坚持政府引导，农民自愿，严格标准，动态管理。认定工作坚持公开、平等、择优及德绩并重的原则。我市新型职业农民认定必须具备以下基本条件。

（一）在劳动力年龄内（18～60周岁）的本市从事种植、养殖、农机作业3年以上并有一定规模的经营业主。

（二）具有较高文化素质和技能水平：具有初中以上文化程度，具有与申报产业相关的技能等。

（三）具有一定生产经营规模。

1. 种植规模：粮油作物50亩以上（含50亩），经济作物15亩以上（含15亩）。

2. 养殖规模：牛存栏或年出栏20头以上，猪、羊年出栏头100以上，肉用小家禽畜年出栏2 000只以上，蛋禽存栏1 000只以上。

3. 农机大户农机原价值在20万元以上或年农机作业纯收入在5万元以上。

第三章 认定程序

第五条 认定程序是：

（一）符合以上条件的培育对象，到所在乡镇农业服务中心（农技站）、兽医站领取《绵阳市新型职业农民资格认定申请表》，填好后由乡镇农业服务中心（农技站）、兽医站报送县（市、区）农业局、畜牧兽医局和园区农牧业主管部门审核。

（二）县（市、区）农业局、畜牧兽医局和园区农牧业主管部门审核后对符合条件者进行专业技能培训，然后上报市农业局科教科汇总。

（三）市农业局对符合条件者进行提升培训，经市农业局新型职业农民培育试点工作领导小组审定后发证。

第四章 准入及退出机制

第六条 准入机制。根据我市农牧业产业发展运行情况，从现有的种养大户和有志从事农业生产、有一定经济基础、文化素质较高的返乡创业农民中遴选符合新型职业农民培育条件的作为新型职业农民培育对象，进行分级分类培养。市农业局在各县（市、区）培育培训的基础上，择优遴选合格对象进行系统培训和考核，对培训考核合格的认定为市级新型职业农民，并颁发新型职业农民证书。

对认定的市级新型职业农民进行动态管理。被确认为新型职业农民的优先享受各级政府的相关扶持政策，接受各级政府的跟踪管理服务。

第七条 退出机制。对已确认为新型职业农民有下列情形之一的,其所在乡镇农业服务中心(农技站)、兽医站应及时上报县(市、区)农业局、畜牧兽医局和园区农牧业主管部门,县级农牧业主管部门核实后上报市农业局,经市农业局新型职业农民培育试点领导小组会议研究,准予退出新型职业农民管理体系或取消其新型职业农民资格,收回颁发的市级新型职业农民证书,其不再享受各级政府的相关扶持政策。

1. 自愿申请退出新型职业农民管理体系的。
2. 不接受新型职业农民各项管理服务、不按要求参加培训学习的。
3. 有违法行为的。

第五章　附则

第八条　本办法由市农业局负责解释。

第九条　本办法自印发之日起施行。

附件:绵阳市新型职业农民资格认定申请表。

附件:

见表 3 – 1。

表 3 – 1　绵阳市新型职业农民认定审批表

姓名		性别		出生年月			
住址				文化程度			照片
身份证号				家庭人口			
联系电话				家庭劳力			
加入专业合作社情况	专业合作社名称			加入时间	加入形式		任职情况
申办家庭农场情况	名称			申办时间			

(续表)

产业名称	从事年限	产业规模（亩、头、只）	年产值（元）	年利润（元）	占总收入比重（%）	分布地点
乡镇农牧业服务服务机构初审意见	审核人（签字）：			审核单位（盖章）		
县级农业行政管理部门审定意见	审核人（签字）：			审核单位（盖章）		
市级农业行政管理部门认定意见	审核人（签字）：			审核单位（盖章）		
新型职业农民认定证书号码						

2013年10月14日市农业局关于成立新型职业农民培育试点工作领导小组的通知

各县（市、区）农业局、畜牧兽医局，各园区农牧业主管部门：

为加快培育新型职业农民，规范新型职业农民的认定管理工作，确保全市新型职业农民培育试点工作扎实推进，市农业局决定成立新型职业农民培育试点工作领导小组。现通知如下：

一、人员构成

组　　长：兰　劲　市农业局党组书记、局长
副组长：高明芳　市农业局党组成员、副局长
成　　员：黄兴忠　市农业局科技教育科科长
　　　　　仲志敏　市农业局农民专业合作社发展科科长
　　　　　倪　敏　市农业局畜牧生产科
　　　　　张正富　市农业局农机发展科
　　　　　文启金　市农业科技教育中心主任

领导小组办公室设在市农业局科技教育科，办公室主任由黄兴忠同志兼任。

二、主要职责

（一）领导小组职责
1. 负责制定新型职业农民培育试点工作方案、相关制度和管理办法。
2. 检查、督促工作进度，验收和考核目标任务完成情况。
3. 组织市级新型职业农民的提升培训和认定工作。
4. 研究解决开展培育试点工作中出现的困难和问题。

（二）办公室职责
1. 负责新型职业农民培育试点的日常工作。
2. 具体负责市级新型职业农民的提升培训、认定和管理工作。

绵阳市农业局
2013年10月14日

第四部分
绵阳各县市区党委政府文件及农业部门培育认定制度

一、县级党委政府文件

2015年5月4日中共江油市委办公室江油市人民政府办公室关于加强新型职业农民队伍建设的意见（江办发〔2015〕26号）

各乡镇党委、人民政府，各派出党（工）委、管委会（办事处），市级有关部门：

新型职业农民是指运营掌控农业生产经营所需的资源、资本，运用现代经营管理理念和先进实用技术，专业从事规模化、集约化农业生产经营的组织者和领头人（年龄18～55周岁，遵纪守法、诚实守信、团结友善、无不良行为的中国公民），生产经营规模：①种植业（粮油作物生产经营规模须达到50亩以上；（经济作物生产经营规模须达到30亩以上，代耕代种或单季全程托管作业面积须达到100亩以上）；②养殖业（牛存栏或年出栏20头以上，猪、羊年出栏头200以上，肉用小家禽畜年出栏2 000只以上，蛋禽存栏2 000只以上，水产养殖水域面积10亩以上）；③农机大户（农机原价值在20万元以上或年农机作业纯收入在5万元以上，家庭上年农业经济收入5万元以上，且占家庭总收入的80%以上）；分为生产经营型、专业技能型和社会服务型三大类。大力培育新型职业农民，对于促进农业经营主体发展，着力构建新型农业经营体系具有重要作用。为认真贯彻落实省委办公厅、省政府办公厅《关于印发〈关于加快构建新型农业经营体系专项改革方案〉的通知》（川委厅〔2014〕15号）精神，加快推进现代农业转型升级，现就加强我市新型职业农民队伍建设提出如下意见。

一、总体要求

以转变农业发展方式为立足点，以满足现代农业规模化、集约化生产经营需求和促进农民持续增收为出发点，以稳定发展农业生产、保障农产品有效供给和实现现代农业产业倍增为目标，通过建立完善相关体制机制、政策制度，加快打造一批高素质新型职业农民队伍。

二、目标任务

培养一批具有较强市场意识、较高生产技能和较强管理能力、较高经营水平的现代新型职业农民，提高农业劳动生产率，引领带动我市现代农业规模化、集约化发展，增强我市现代农业竞争力。力争到 2017 年，全市培养新型职业农民 800 名以上，其中：2015 年 250 人，2016 年 250 人，2017 年 300 人，促进农业用地适度规模经营率达 30%，其中 2015 年达 20%，2016 年达 25%，2017 年达 30%。

三、重点工作

（一）建立新型职业农民选拔机制。新型职业农民主要从大中专毕业生、有一定文化程度和农业生产管理技能的种养能手以及有意投身农业事业的返乡农民工、城镇居民、复员转业军人和熟悉农业生产经营管理的其他人员中产生。采取自愿向乡镇报名，市农业行政主管部门把符合基本条件、有意愿从事农业生产经营管理的人员纳入培育计划，培养成为懂技术、会经营、善管理的农业后继者和经营管理人才（责任单位：市农业和畜牧局；配合单位：市人社局、市财政局，各乡镇党委、人民政府）。

（二）建立新型职业农民培训机制。优化整合农民实用技术培训、专业技术人员培训、技人员技术培训等资源，采取理论培训与实践操作相结合、市内培训与外出考察相结合、集中培训与分产业培训相配套的方式，对纳入培训计划的人员在农业科技管理知识、农产品市场营销知识、农产品质量安全知识、农业信息化知识、农村金融知识、农业法律法规知识等方面进行免费培训，每年开展新型职业农民知识更新培训，并建立导师制度长期提供指导服务。选择部分优秀新型职业农民到国内一流农业大学和科研院所培训，分产业组织新型职业农民到国内先进产业基地实地学习培训，提升培养质量（责任单位：市农业和畜牧局；配合单位：市人社局、市财政局，各乡镇党委、人民政府）。

（三）建立新型职业农民管理机制。开展新型职业农民分级评定工作，颁发相应等级的《四川省新型职业农民证书》。对已取得证书的新型职业农民，每两年对其职业素养、业绩、诚信等情况进行考核，考核合格和业绩突出的继续维持或提升新型职业农民等级，考核不合格的降低新型职业农民等级或取消新型职业农民资格。严格退出机制，凡出现农产品质量安全、违法违规和诚信等问题的，直接取消新型职业农民资格。加强对优秀新型职业农民的宣传，每年组织开展"十佳"优秀新型职业农民评选活动（责任单位：市农业和畜牧局；配合单位：市人社局、市财政局，各乡镇党委、人民政府）。

（四）建立新型职业农民服务机制。建立市新型职业农民人才资源信息库，及时公开新型职业农民特长、绩效、诚信等动态信息情况，促进其在市域内交流聘用。支持在基层农业技术推广站设立新型职业农民服务中心，为新型职业农民提供政策咨询、手续办理等服务。鼓励建立和发展壮大新型职业农民协会及产业分会，支持在新型职业农民分类管理交流服务平台建设、分产业现场交流活动组织、新品种新技术新材料试验示范基地建设以及诚信评定、优秀推荐、产地培训等方面充分发挥作用。依托会计代理机构，为新型职业农民经营管理的新型农业经营主体提供财会规范化代理服务（责任单位：市农业和畜牧局；配合单位：市人社局、市财政局，各乡镇党委、人民政府）。

四、扶持政策

（一）产业扶持政策

1. 中级以上新型职业农民开展的粮食规模化生产，按《江油市农产品初加工建设规划（2015—2017年）》优先享受烘干、冷藏设施项目立项和补贴，符合粮食规模种植（50亩以上）补贴政策的，享受提高10%的补贴政策（责任单位：市农业和畜牧局；配合单位：市财政局、市发改局，各乡镇党委、人民政府）。

2. 新型职业农民在常年蔬菜基地内从事蔬菜生产的，同等条件下优先享受相关扶持政策（责任单位：市农业和畜牧局；配合单位：市财政局，各乡镇党委、人民政府）。

3. 中级以上新型职业农民领办、新办的农民专业合作社、家庭农场和农业企业，符合设施农业建设标准和有关条件的，涉农项目优先给予安排（责任单位：市农业和畜牧局；配合单位：市财政局，各乡镇党委、人民政府）。

4. 新型职业农民领办、新办农民合作社、家庭农场，符合农机购置补贴政策的，在同等条件下优先安排，重点倾斜（责任单位：市农业和畜牧局；配合单位：市财政局，各乡镇党委、人民政府）。

5. 新型职业农民领办、新办的农民专业合作社和家庭农场，符合相关扶持政策的，优先享受市级农民合作社和家庭农场专项资金扶持。将农民合作社和家庭农场主要由新型职业农民负责生产经营，作为推荐申报评定市级以上示范农民合作社和家庭农场的必备条件（责任单位：市农业和畜牧局；

配合单位：市财政局，各乡镇党委、人民政府）。

（二）科技扶持政策

1. 新型职业农民自办或经营的龙头企业与大专院校、科研院所建立的符合相关标准联合实验室予以资助（责任单位：市科技和工业信息化局；配合单位：市财政局，各乡镇党委、人民政府）。

2. 新型职业农民领办、新办、经营的农民合作社或企业进行农业科技成果的研发、推广、应用和转化的，优先给予立项等相关支持（责任单位：市科技和工业信息化局；配合单位：市财政局，各乡镇党委、人民政府）。

3. 新型职业农民经市校企联合培养战略性新兴产业领域在职博（硕）士计划的高校考试录取，攻读农业推广博（硕）士，与所在农业企业签定有培养服务协议、并承诺取得农业推广博（硕）士学位后在农业企业的服务年限不低于3年、所读专业符合资助的专业领域及研究方向的，按不超过50%学费的给予学费资助（责任单位：市科技和工业信息化局；配合单位：市财政局，各乡镇党委、人民政府）。

（三）就业补贴政策

新型职业农民创办经济实体聘用持"就业失业登记证"的就业困难人员，与之签订劳动合同（一年或一年以上）并按规定缴纳社会保险费的，在相应期限内（不超过年）给予社会保险补贴和岗位补贴。社会保险补贴按用人单位为就业困难人员实际缴纳的基本养老保险费、基本医疗保险费和失业保险费给与补贴，不包括就业困难人员个人应缴纳的基本养老保险费、基本医疗保险费和失业保险费。招用就业困难人员的岗位补贴，吸纳4 050人员按照每人每月不超过200元，吸纳其他就业困难人员按照每人每月不超过100元，给予用人单位定额补助；已享受满3年就业援助政策人员不再享受此政策（责任单位：市人社局；配合单位：市农业和畜牧局、市财政局、各乡镇党委、人民政府）。

（四）创业补贴政策

毕业5年内的全日制普通高校毕业生取得新型职业农民证书，首次受聘或领办和新办农民合作社、农业企业、家庭农场6个月以上，给予1万元的一次性奖励（责任单位：市人社局；配合单位：市财政局，各乡镇党委、人民政府）。

（五）金融支持政策

新型职业农民领办、创办、经营农业开发企业、农民合作社或家庭农场的，流转土地期限在 5 年以上的，优先给予土地流转收益作保证担保融资，或通过流转土地获得的土地经营权直接抵押融资贷款，金融机构在规定的放款额度基础上提高 20%。支持新型职业农民种养殖业参加农业保险，允许其领办、创办、经营的农业开发企业、农民合作社或家庭农场整体参保，不受单个标的投保规模限制，享受农民同等的财政资金补贴政策（责任单位：市农业和畜牧局；配合单位：市财政局，各乡镇党委、人民政府）。

（六）用地政策

新型职业农民领办、创办、经营农业开发企业、农民合作社或家庭农场的，优先给予用地支持。在其农业项目区域内直接用于农产品生产的设施用地和直接辅助农产品生产的设施用地（包括：①工厂化作物栽培中有钢架结构的玻璃或 PC 板连栋温室用地；②规模化养殖中畜禽舍及场区内通道、畜禽有机物处置以及绿化隔离带用地；③水产养殖池塘、工厂化养殖池及进排水渠道等水产养殖的生产设施用地；④育种育苗场所、简易的生产看护房用地（单层小于 15 平方米）；⑤管理用房用地；⑥环境设施用地；⑦晾晒场、肥料生产场地、符合"农村道路"规定的道路等用地），享受其农业项目用地规模 5%~7% 的设施农用地政策；在其农业项目区域内依托农业产业开发乡村旅游的，旅游设施建设用地必须依法以规按建设用地进行管理。需要征用土地的，由市政府统筹安排年度计划予以解决（责任单位：市国土局；配合单位：市农业和畜牧局，市财政局，各乡镇党委、人民政府）。

五、保障措施

（一）加强组织领导。各乡镇党委、人民政府要充分发挥主体作用，扎实有效地抓好新型职业农民队伍建设工作。

（二）整合培训资金。市财政部门要整合各类培训资金，切实保障对新型职业农民培训的财政资金投入，将社会保险补贴纳入市级财政预算。

（三）强化协调配合。由市农业和畜牧局牵头，科工、财政、人社、国土、发改等部门参加，建立新型职业农民队伍建设联席会议制度，及时研究解决出现的新问题，共同推进新型职业农民队伍的健康发展。

本意见自 2015 年 6 月 1 日起施行，有效期 4 年。

中共江油市委办公室　江油市人民政府办公室
2015 年 5 月 4 日

2015年12月14日安县人民政府办公室关于加快培育新型职业农民的意见（安府办发〔2015〕88号）

各乡镇人民政府、工业园区管委会、地质公园管理处、县级相关部门：

为加快培育新型职业农民，发展壮大现代农业生产经营者队伍，构建新型农业经营体系，加速推动全县农业发展转型升级，根据《四川省人民政府办公厅关于加快新型职业农民培育工作的意见》（川办发〔2015〕77号）和《绵阳市人民政府办公室关于加快培育新型职业农民的意见》（绵府办发〔2015〕66号）文件精神，现就我县加快培育新型职业农民工作提出如下意见。

一、总体思路和目标任务

（一）总体思路。坚持"政府主导、农民主体、需求导向、综合配套"的原则，以转变农业发展方式为立足点，以满足现代农业规模化、集约化生产经营需求和促进农民持续增收为出发点，以稳定发展农业生产、保障农产品有效供给和实现现代农业产业倍增为核心，通过建立完善相关体制机制、政策制度，加快培育一批具有较强县场意识、较高生产技能、较强管理能力和较高经营水平的现代新型职业农民。

（二）目标任务。2015—2020年，全县累计培育新型职业农民4 000人。其中：生产经营型2 000人、专业技能型1 200人、社会服务型800人。

二、重点工作

（一）规范新型职业农民培育对象遴选办法。培育对象主要从有一定文化程度和农业生产管理技能的种养能手、农业新型经营主体领办创办人，立志投身农业事业的返乡农民工、回乡大中专毕业生和熟悉农业生产经营管理的其他人员中产生。凡在我县境内年龄18～55周岁，遵纪守法，诚实守信，无不良行为记录，立志从事现代农业发展（包括种植业、畜禽水产养殖业、农机作业、乡村旅游业、农产品加工营销业等），且以农业作为职业的公民均可向所在乡镇（主要生产经营场地所在乡镇）提出书面申请，经乡镇政府初选、县级农业行政主管部门审核后，县级农业行政主管部门将符合培育条件对象纳入其培育计划。

（二）构建新型职业农民教育培训体系。积极统筹各类教育培训资源，加快构建和完善以农业广播电视学校等农民教育培训专门机构为主体，中高等农业职业院校、农技推广服务机构、农业科研院所、农业大学、农业产业化龙头企业和农民合作社广泛参与的新型职业农民教育培训体系，抓好农民培训基地和师资队伍建设，完善教学培训条件，满足新型职业农民多层次、多形式、广覆盖、经常性、制度化的教育培训需求。坚持"公开、公平、公正"原则，依法依规确定培训机构。

（三）建立新型职业农民培训机制。建立和完善"政府主导、上下联动、多元参与、广泛培训"的工作机制。转变培训教育方式，针对职业农民生产生活实际，紧扣农业产业发展和农时特点，坚持理论与实践紧密结合，科学编制培训规划和实施方案，把教学班办到专业村、合作社、养殖场、示范园。建立导师制度，提供长期指导服务。坚持生产经营型分产业、专业技能型按工种、社会服务型按岗位开展农业系统培训或实施农科职业教育，使培育对象在文化、技术技能、经营素质等方面得到较大提高，真正成为有文化、懂技术、会经营、善管理的新型职业农民。

（四）健全新型职业农民认定管理制度。按照自愿申请、免费认定的管理要求，积极探索开展新型职业农民的认定管理工作，建立完整的数据库和信息管理系统。在认定上，县农业行政主管部门将按照四川省和绵阳市制定的新型职业农民认定办法及其评定标准，开展新型职业农民认定管理，对符合条件的颁发四川省统一印制的"四川省新型职业农民证书"。建立县、乡两级新型职业农民人才资源信息库，及时公开新型职业农民特长、绩效、诚信等动态信息情况，促进其在县域内交流聘用。建立动态管理机制，对已取得证书的新型职业农民，每两年对其职业素养、业绩、诚信等情况进行复评，复评不合格的取消新型职业农民资格；凡出现农产品质量安全、违法违规和诚信等问题的，立即取消新型职业农民资格。

三、相关政策支持

（一）加强财政投入支持。县财政通过贴息、奖补等形式，支持新型职业农民兴建生产服务设施、建设原料生产基地、扩大生产规模、推进技术改造升级等。支持新型职业农民领办创办家庭农场、农民专业合作社、农业企业等农业新型经营主体。优先推荐评定县级及以上示范农民合作社和家庭农场，符合条件的优先享受县农民专业合作社和家庭农场专项资金扶持。

（二）加强金融服务支持。加强对新型职业农民的金融服务，依法开展抵押贷款和质押贷款。积极支持新型职业农民创办、领办的新型经营主体参与粮油等重要农产品收购营销业务、农产品精深加工和粮油全产业链经营、重点农业科技成果转化推广应用，以及纳入国家农业综合开发经营扶持、承担国家及省市级规划或财政补贴支持的农产品生产能力建设、农业基础设施建设、农产品物流、农产品批发市场建设等。加大信贷支持力度，做好对新型职业农民及其创办领办新型经营主体的信用等级评估工作。鼓励融资担保机构为新型职业农民扩大生产经营规模提供融资担保服务。对符合条件的农业担保机构给予一定风险补偿。优化保险服务，引导新型职业农民参保。

（三）加强科技帮扶支持。支持新型职业农民自办或经营的龙头企业与大专院校、科研院所建立联合实验室、新品（新品种、新产品、新技术）研发基地。新型职业农民领办、新办、经营的农民合作社或企业进行农业科技项目的研发、推广、应用和转化的，同等条件下优先给予立项支持。鼓励建立和发展壮大新型职业农民协会及产业分会。对于符合条件的优秀新型职业农民，选派进入大中专院校进行免费学习培训；对符合农民专业技术职称资格条件者优先申报、晋升农民专业技术职称。对符合条件的新型职业农民，指导、支持其产业或产品申报品牌认证。

（四）落实税收优惠政策。对新型职业农民创办领办的新型经营主体取得的具有专项用途的财政性扶持资金，符合政策规定条件的，企业所得税按照不征税收入处理。对拖拉机不征车船税，直接用于农、林、牧、渔业的生产用地免缴城镇土地使用税。对新型职业农民从事符合条件的农产品初加工所得按规定免征企业所得税。对新型职业农民从事农业机耕、排灌、农牧保险以及相关技术培训业务，家禽、牲畜、水生动物的配种和疾病防治所取得的收入，免征营业税。

（五）加强设施建设支持。支持新型职业农民扩建、新建优质农产品生产加工基地。安排年度新增建设用地计划时，合理安排好新型职业农民建设生产加工基地配套设施（禽畜圈舍及加工、管理、仓储用房等）项目建设用地，切实优化项目用地审批、供应程序，加快推进项目落地，认真落实相关法律、法规及政策，全力保障新型经营主体合法用地需求。切实保障生产加工基地正常生产用电、汽柴油等能源需求。

四、保障措施

（一）强化组织领导。为切实加强对新型职业农民培育工作的组织领导，县政府成立安县新型职业农民培育工作协调小组。

组长：分管农业工作副县长。

成员单位：县农业局、县财政局、县发改委、县教体局、县人社局、县地税局、县国土资源局、县科技局、县信用联社等部门。

协调小组办公室设在县农业局，负责日常工作。

建立新型职业农民培育联席会议制度，细化试点任务，明确责任分工，及时研究解决工作中出现的新情况、新问题，统筹协调推进新型职业农民培育整县示范推进各项工作。将新型职业农民培育工作纳入农业农村工作考核内容，夯实新型职业农民培育的组织保障。

（二）强化责任落实。农业部门要加强对新型职业农民的培训和指导，乡镇农业服务站、畜牧兽医站要为新型职业农民提供政策咨询、手续办理等服务。工商部门要强化对新型职业农民领办兴办新型经营主体登记前咨询辅导。财政、税务、交通运输、国土资源、科技、金融、电力等部门和单位要认真落实各项政策，形成扶持合力。

（三）强化全程监管。按照需求导向，认真开展培育需求调研，组织遴选好培育对象，严禁以简单方式分派新型职业农民培育指标任务。要按照全过程培育的要求做好培训项目、扶持政策资金的细化，确保资金使用效果。开展新型职业农民培育专项检查和绩效考评，严格过程监管，确保规范培育。加强农业补贴资金和专项资金的监督管理，完善资金拨付程序，确保新型职业农民享受支农惠农政策。

（四）强化宣传典型。进一步加强典型经验总结，组织开展优秀新型职业农民评选活动，加大对优秀典型的宣传力度，充分利用互联网、广播、电视等媒体，及时宣传报道各地的有效做法和先进典型，营造有利于新型职业农民成长的良好社会氛围。

安县人民政府办公室
2015 年 12 月 14 日

2016年1月28日盐亭县人民政府办公室关于加快培育新型职业农民的意见(盐府办发〔2016〕9号)

经开区管委会,各乡镇人民政府、县级各部门:

为加快培育新型职业农民,发展壮大现代农业生产经营者队伍,构建新型农业经营体系,加速推动全县农业发展转型升级,根据四川省人民政府办公厅《关于加快新型职业农民培育工作的意见》(川办发〔2015〕77号)和绵阳市人民政府办公室《关于加快培育新型职业农民的意见》(绵府办发〔2015〕66号)精神,现就我县加快培育新型职业农民工作提出如下意见。

一、总体思路和目标任务

(一)总体思路。坚持"政府主导、农民主体、需求导向、综合配套"原则,以转变农业发展方式为立足点,以满足现代农业规模化、集约化生产经营需求和促进农民持续增收为出发点,以稳定发展农业生产、保障农产品有效供给和实现现代农业产业倍增为核心,通过建立完善相关体制机制、政策制度,加快培育一批具有较强市场意识、较高生产技能、较强管理能力和较高经营水平的现代新型职业农民。

(二)目标任务。到2020年,全县计划培育新型职业农民1 800人,其中:生产经营型900人、专业技能型750人、社会服务型150人。

二、重点工作

(一)规范新型职业农民培育对象遴选。培育对象主要从有一定文化程度和农业生产管理技能的种养能手、农业新型经营主体领办创办人、立志投身农业事业的返乡农民工、城镇居民、复退伍军人、回乡大中专毕业生和熟悉农业生产经营管理等人员中产生。凡在我县境内年龄18~55周岁,遵纪守法,诚实守信,无不良行为记录,立志从事现代农业发展(包括种植业、畜禽水产养殖业、农机作业、乡村旅游业、农产品加工营销业等),且以农业作为职业的公民均可向所在乡镇(主要生产经营场地所在乡镇)提出书面申请,经乡镇人民政府初选、县农牧局审核后,县农牧局将符合培育条件对象纳入其培育计划。

(二)构建新型职业农民教育培训体系。统筹各类教育培训资源,坚持

"公开、公平、公正"原则,依法依规确定培训机构。加快构建和完善以农业广播电视学校、农民科技教育培训中心等农民教育培训专门机构为主体,中高等农业职业院校、农技推广服务机构、农业科研院所、农业大学、农业产业化龙头企业和农民合作社广泛参与的新型职业农民教育培训体系,抓好农民培训基地和师资队伍建设,完善教学培训条件,满足新型职业农民多层次、多形式、广覆盖、经常性、制度化的教育培训需求。

(三)建立新型职业农民培训机制。建立和完善"政府主导、上下联动、多元参与、广泛培训"工作机制。转变培训教育方式,针对职业农民生产生活实际,紧扣农业产业发展和农时特点,坚持理论与实践紧密结合,科学编制培训规划和实施方案,把教学班办到专业村、合作社、养殖场、示范园。建立导师制度,提供长期指导服务。坚持生产经营型分产业、专业技能型按工种、社会服务型按岗位开展农业系统培训或实施农科职业教育,使培育对象在文化、技术技能、经营素质等方面得到较大提高,真正成为有文化、懂技术、会经营、善管理的新型职业农民。

(四)健全新型职业农民认定管理制度。按照自愿申请、免费认定、分级管理的要求,积极探索开展新型职业农民的认定管理工作,建立完整的数据库和信息管理系统。在认定上,结合我县实际,参考省、市新型职业农民认定办法,制定符合我县实际的新型职业农民评定标准,对符合条件的颁发四川省统一印制的"四川省新型职业农民证书"。建立县级新型职业农民人才资源信息库,及时公开新型职业农民特长、绩效、诚信等动态信息情况,促进其在县域内交流聘用。建立动态管理机制,对已取得证书的新型职业农民,每两年对其职业素养、业绩、诚信等情况进行复评,复评不合格的取消新型职业农民资格;凡出现农产品质量安全、违法违规和诚信等问题的,立即取消新型职业农民资格。

三、政策支持

(一)加强财政投入支持。县财政通过贴息、奖补等形式,支持新型职业农民兴建生产服务设施、建设原料生产基地、扩大生产规模、推进技术改造升级、建立科技研发机构等。支持新型职业农民领办创办家庭农场、农民专业合作社、农业企业等农业新型经营主体。优先推荐评定县级及以上示范农民合作社和家庭农场,符合条件的优先享受县农民专业合作社和家庭农场专项资金扶持。积极建立新型职业农民培育专项资金,并列入财政预算,重点用于新型职业农民的教育培训、技能鉴定及引导奖励等。

（二）加强金融服务支持。加强对新型职业农民的金融服务，依法开展抵押贷款和质押贷款。积极支持新型职业农民创办、领办的新型经营主体参与粮油等重要农产品收购营销业务、农产品精深加工和粮油全产业链经营、重点农业科技成果转化推广应用，以及纳入国家农业综合开发经营扶持、承担国家及省市级规划或财政补贴支持的农产品生产能力建设、农业基础设施建设、农产品物流、农产品批发市场建设等。加大信贷支持力度，做好对新型职业农民及其创办领办新型经营主体的信用等级评估工作。鼓励融资担保机构为新型职业农民扩大生产经营规模提供融资担保服务。对符合条件的农业担保机构给予一定风险补偿。优化保险服务，引导新型职业农民参保。

（三）加强科技帮扶支持。支持新型职业农民自办或经营的龙头企业与大专院校、科研院所建立联合实验室、新品（新品种、新产品、新技术）研发基地。新型职业农民领办、新办、经营的农民合作社或企业进行农业科技项目的研发、推广、应用和转化的，同等条件下优先给予立项支持。鼓励建立和发展壮大新型职业农民协会及产业分会。对于符合条件的优秀新型职业农民，选派进入大中专院校进行免费学习培训；对符合农民专业技术职称资格条件者优先申报、晋升农民专业技术职称。对符合条件的新型职业农民，指导、支持其产业或产品申报品牌认证。

（四）落实税收优惠政策。对新型职业农民创办领办的新型经营主体取得的具有专项用途的财政性扶持资金，符合政策规定条件的，企业所得税按照不征税收入处理。对拖拉机不征车船税，直接用于农、林、牧、渔业的生产用地免缴城镇土地使用税。对新型职业农民从事符合条件的农产品初加工所得按规定免征企业所得税。对新型职业农民从事农业机耕、排灌、植物保护、农牧保险以及相关技术培训业务，家禽、牲畜、水生动物的配种和疾病防治所取得的收入，免征营业税。

（五）加强设施建设支持。支持新型职业农民扩建、新建优质农产品生产加工基地。安排年度新增建设用地计划时，合理安排好新型职业农民建设生产加工基地配套设施（禽畜圈舍及加工、管理、仓储用房等）项目建设用地，切实优化项目用地审批、供应程序，加快推进项目落地，认真落实相关法律、法规及政策，全力保障新型经营主体合法用地需求。切实保障生产加工基地正常生产用电、汽柴油等能源需求。

四、保障措施

（一）强化组织领导。成立由分管农业副县长为组长，县农牧局局长为副组长，县财政局、县发改局、县教体局、县人社局、县地税局、县国土资源局、县科技商务局、人民银行盐亭支行分管负责人为成员的盐亭县新型职业农民培育工作协调小组。领导小组下设办公室，办公地点设在县农牧局，由县农牧局局长兼任办公室主任，负责领导小组日常工作。

建立新型职业农民培育联席会议制度，细化试点任务，明确责任分工，及时研究解决工作中出现的新情况、新问题，统筹协调推进新型职业农民培育示范各项工作。将新型职业农民培育工作纳入农业农村工作考核内容，夯实新型职业农民培育的组织保障。

（二）强化责任落实。县农牧局要加强对新型职业农民的培训和指导，各乡镇农业服务站要为新型职业农民提供政策咨询、手续办理等服务。县食品药品工商质监局要强化对新型职业农民领办兴办新型经营主体登记前咨询辅导。县财政局、县地税局、县交通运输局、县国土资源局、县发改局、县科技商务局、县金融办、电力公司等单位要认真落实各项政策，形成扶持合力。

（三）强化全程监管。县农牧局要认真开展培育需求调研，组织遴选好培育对象，严禁以简单方式分派新型职业农民培育指标任务。要细化培训项目，整合扶持政策资金，确保资金使用效果。开展新型职业农民培育专项检查和绩效考评，严格过程监管，确保规范培育。加强农业补贴资金和专项资金的监督管理，完善资金拨付程序，确保新型职业农民享受支农惠农政策。

（四）强化典型宣传。县农牧局要进一步加强典型经验总结，组织开展优秀新型职业农民评选活动，加大对优秀典型的宣传力度。要充分利用互联网、广播、电视等媒体，及时宣传报道各地的有效做法和先进典型，营造有利于新型职业农民成长的良好社会氛围。

盐亭县人民政府办公室
2016 年 1 月 28 日

平武县人民政府办公室关于转发《绵阳市人民政府办公室关于加快培育新型职业农民的意见》的通知(平府办发〔2015〕56号)

各乡镇人民政府、县级有关部门:

根据《四川省人民政府办公厅关于加快新型职业农民培育工作的意见》(川办发〔2015〕77号)精神,按照"科教兴农、人才强农、新型职业农民固农"要求,为加快培育我县新型职业农民,构建新型农业经营体系,发展壮大现代特色农业生产经营队伍,现将《绵阳市人民政府办公室关于加快培育新型职业农民的意见》(绵府办发〔2015〕66号)转发你们,请各乡镇人民政府、县级有关部门认真贯彻执行、相互协调配合、圆满完成我县新型职业农民培育工作。

平武县人民政府办公室
2015年11月20日

2016年3月4日北川羌族自治县人民政府办公室关于转发《绵阳市人民政府办公室关于加快培育新型职业农民的意见》的通知（北府办发〔2016〕11号）

四川北川经开区（绵阳科技城〈北川〉通航产业园）管委会、各乡（镇）人民政府，县级有关部门：

现将绵阳市人民政府办公室《关于加快培育新型职业农民的意见》（绵府办发〔2015〕66号）转发给你们，请结合实际，认真贯彻落实。

北川羌族自治县人民政府办公室
2016年3月4日

2016年3月15日绵阳市游仙区人民政府办公室关于转发《绵阳市人民政府办公室关于加快培育新型职业农民的意见》的通知（绵游府办发〔2016〕9号）

经济开发区管委会，各乡镇（街道）人民政府（办事处），区政府各部门、直属事业单位，市区共管部门：

现将绵阳市人民政府办公室《关于加快培育新型职业农民的意见》（绵府办发〔2015〕66号）转发给你们，请结合实际，认真贯彻落实。

新型职业农民是未来农业经营的主导力量，加快培育新型职业农民是各级政府的一项重要工作。各级各部门要高度重视，明确任务，强化措施，狠抓落实。为做好新型职业农民培育工作，区政府成立游仙区新型职业农民培育工作协调小组，由区政府分管副区长任组长，区农业局、区发改委、区教体局、区科知局、区财政局、区人社局、区信用联社、区地税局、市国土资源局游仙分局等部门为成员。协调小组办公室设在区农业局，负责日常工作。各级各部门要通力协作、密切配合，切实做好培育对象的遴选、教育培训和认定管理等重点工作，认真贯彻落实好省、市各项扶持政策，为培育新型职业农民创造良好条件。

绵阳市游仙区人民政府办公室
2016年3月15日

2016年6月2日涪城区人民政府办公室关于转发市政府办《关于加快培育新型职业农民的意见》的通知(绵涪府办发〔2016〕12号)

各乡镇人民政府,区级有关部门:

现将市政府办《关于加快培育新型职业农民的意见》(绵府办发〔2015〕66号)转发给你们,请务必高度重视,明确任务,强化措施,狠抓落实,切实做好培育对象的遴选、教育培训和认定管理等重点工作,认真贯彻落实好省、市各项扶持政策,为培育新型职业农民创造良好条件。

附件:市政府办《关于加快培育新型职业农民的意见》(绵府办发〔2015〕66号)

绵阳市涪城区人民政府办公室

2016年6月2日

2016年6月15日梓潼县人民政府办公室关于转发《绵阳市人民政府办公室关于加快培育新型职业农民的意见》的通知（梓府办发〔2016〕47号）

经开区管委会、七曲山风景区管理局、各乡（镇）人民政府、县级各部门：

现将绵阳市人民政府办公室《关于加快培育新型职业农民的意见》（绵府办发〔2015〕66号）转发给你们，请结合实际，认真贯彻落实。

新型职业农民是未来农业经营的主导力量，加快培育新型职业农民是各级政府的一项重要工作。各级各部门要高度重视，明确任务，强化措施，狠抓落实。为做好新型职业农民培育工作，县政府成立梓潼县新型职业农民培育工作协调小组，由县政府分管副县长任组长，农业局、发改局、教体局、财政局、人社局、信用联社、地税局、国土资源局等部门为成员。协调小组办公室设在农业局，负责日常工作。各级各部门要通力协作、密切配合，切实做好培育对象的遴选、教育培训和认定管理等重点工作，认真贯彻落实好省、市各项扶持政策，为培育新型职业农民创造良好条件。

梓潼县人民政府办公室
2016年6月15日

二、绵阳市各县市区培育认定制度

2013年12月17日安县农业局关于印发《安县新型职业农民认定管理办法》的通知（安农发〔2013〕100号）

各乡镇农业服务站：

为加快培育新型职业农民，规范新型职业农民的认定管理，确保全县新型职业农民培育试点工作扎实推进，按照《四川省新型职业农民培育试点工作指导意见》（川农业〔2012〕179号）和《绵阳市市级新型职业农民认定管理办法》（绵农发〔2013〕210号）文件要求，县农业局制定了《安县新型职业农民认定管理办法》，请结合各乡镇农业产业发展实际情况，切实抓好新型职业农民认定工作。

附：安县新型职业农民认定管理办法。

安县农业局
2013年12月17日

附：

安县新型职业农民认定管理办法（试行）

第一章 总则

第一条 为加速推动我县农业现代化发展进程，促进农业专业化、标准化和规模化经营，提高农产品产出率和商品化率，促进粮油、经作等农产品持续增产，农业增效，农民增收，加快培育农村新型经营主体，培育一批有文化、懂技术、会经营、善管理的新型职业农民。根据《中共中央国务院关于加快发展现代农业进一步增强农村发展活力的若干意见》（中发〔2013〕1号）文件精神，按照省农业厅印发的《四川省新型职业农民培育试点工作指导意见》（川农业〔2012〕179号）和绵阳市农业局印发的《绵阳市市级新型职业农民认定管理办法（试行）》（绵农发〔2013〕210号）文件要求，结合我县实际，特制定本办法。

第二条 新型职业农民必须思想理念先进、创业欲望强烈、市场意识超前、务农意愿稳定、社会责任意识较强，具备"以农业为职业、占有一定的资源、有一定的专业技能、有一定的资金投入能力、收入主要来自农业"五个基本特征。新型职业农民是农业科技的活跃主体、农村先进生产力的典型代表。

第三条 本办法适用于我县新型职业农民培育试点工作期间的新型职业农民资格认定及管理，产业暂定种植业、农机作业和畜牧业。

第二章 认定标准及条件

第四条 新型职业农民的资格认定坚持政府引导，农民自愿，严格标准，动态管理。认定工作坚持公开、平等、择优及德绩并重的原则。我县新型职业农民认定必须具备以下基本条件。

（一）具有初中以上文化程度，在劳动力年龄内（18～60周岁）从事种植、养殖、农机等为主业的专业大户、农民合作社社员、家庭农场主、外出打工返乡人员、复转退伍军人和大、中专毕业生。

（二）从事农业生产，具有一定生产经营规模，生产经营现状良好。

1. 种植规模：粮油作物种植面积达30亩以上、经济作物种植面积达15亩以上。

2. 养殖规模：肉牛出栏或存栏20头、猪羊出栏100头以上、家禽养殖5 000只以上、渔业达20亩以上。

3. 大中型农业机械原价值在20万元以上。

（三）自愿接受政府安排的新型农民资格培训，积极参加农业科技试验示范推广。

获得安县政府或以上表彰的大户可直接认定为职业农民。

第三章 认定程序

第五条 认定程序是：

（一）符合以上条件的培育对象自行申请，填写"安县新型职业农民资格认定申请表"，由所在村民委员会推荐，上报乡镇农业服务站进行初审后报乡镇人民政府审核。

（二）县农业局对符合条件者进行专项培训，经县农业局新型职业农民培育试点工作领导小组审定后发证。

第四章 准入及退出机制

第六条 准入机制。根据我县农业产业发展运行情况，从现有的种养大户和有志从事农业生产、有一定经济基础、文化素质较高的返乡创业农民中遴选符合新型职业农民培育条件的作为新型职业农民培育对象，进行分类系统培训和考核。对培训考核合格的认定为新型职业农民,颁发新型职业农民证书。

对认定的县级新型职业农民进行动态管理,每年审核一次,审核不合格者收回新型职业农民资格证。被确认为新型职业农民的优先享受各级政府的相关扶持政策,接受各级政府的跟踪管理服务。

第七条 退出机制。对已确认为新型职业农民有下列情形之一的,其所在乡镇人民政府核实后应及时上报县农业局,经县农业局研究,准予退出新型职业农民管理体系或取消其新型职业农民资格,注销颁发的县级新型职业农民证书,其不再享受各级政府的相关扶持政策。

1. 自愿申请退出新型职业农民管理体系的。
2. 后期从事农业生产经营规模缩减,未达到新型职业农民认定标准的。
3. 不接受新型职业农民各项管理服务、不按要求参加培训学习的。
4. 有违法行为的。

第五章 附则

第八条 本办法由县农业局负责解释。

第九条 本办法自印发之日起施行。

附件:安县新型职业农民资格认定审批表。

附件:

见表4-1。

表4-1 安县新型职业农民认定审批表

姓名		性别		出生年月			照片
住址				文化程度			
身份证号				家庭人口			
联系电话				家庭劳力			
加入专业合作社情况	专业合作社名称			加入时间	加入形式	任职情况	
申办家庭农场情况	名称			申办时间			
产业名称	从事年限	产业规模(亩、头、只)	年产值(元)	年利润(元)	占总收入比重(%)	分布地点	

村民委员会意见	审核人（签字）：	审核单位（盖章）
乡镇农业服务站初审意见	审核人（签字）：	审核单位（盖章）
乡镇人民政府审核意见	审核人（签字）：	审核单位（盖章）
县级农业行政管理部门认定意见	审核人（签字）：	审核单位（盖章）
新型职业农民认定证书号码		

2014年4月15日三台县农业局县畜牧兽医局县人力资源和社会保障局关于开展新型职业农民认定工作的通知（三农发〔2014〕35号）

各镇乡人民政府：

为加快培育农村新型经营主体，培育一批有文化、懂技术、会经营、善管理的新型职业农民，促进农业专业化、标准化和规模化经营，推动我县农业现代化发展进程。根据四川省农业厅《关于印发〈四川省新型职业农民培育试点工作指导意见〉的通知》（川农业〔2012〕179号）、《绵阳市农业局关于印发〈绵阳市市级新型职业农民认定管理办法（试行）〉的通知》的相关要求，经请示县人民政府同意，现就做好我县新型职业农民认定工作有关事项通知如下。

一、申报对象

三台县辖区内从事种植业、养殖业与农机作业的经营、管理、服务人员。

二、申报条件

（一）遵纪守法、热爱农业、身体健康。

（二）接受过阳光工程、农业职业技能鉴定等农业培训或中等及以上农业学历教育合格。

（三）具备现代农业理念与知识，有较强的经营管理能力，按照先进的生产经营模式进行农业生产与经营，在当地具有明显的示范引领作用，收入高于当地城镇居民平均收入水平。

（四）新型职业农民分为生产经营型、专业技能型和社会服务型3类。

生产经营型职业农民：主要包括专业大户、家庭农场主、农民合作社带头人等。粮油作物生产经营规模须达到30亩以上；经济作物生产经营规模须达到30亩以上；代耕代种或单季全程托管作业面积须达到100亩以上；牛存栏或年出栏20头以上，猪、羊年出栏100头（只）以上，肉用小家禽畜年出栏2 000只以上，蛋禽存栏1 000只以上。

专业技能型职业农民：主要包括农业职业经理人、农业工人、农业雇员等。在农民合作社、家庭农场、专业大户、农业企业等新型生产经营主体中较为稳定地从事农业劳动，具有一定专业技能的农业管理人员和生产经营骨干。

社会服务型职业农民：主要包括农机服务人员、统防统治植保员、农村信息员、农村经纪人等。在社会化服务组织中或个体直接从事农业产前、产中、产后服务人员，服务水平得到农民认可。

三、认定程序

（一）宣传动员（2014年5—6月）。各镇乡人民政府、农业服务中心、畜牧兽医站要以集中宣讲、办宣传专栏、农村广播等多种形式加大对新型职业农民认定管理办法的宣传，积极动员符合条件的人员报名。

（二）自愿申报（2014年7—8月）。拟申请认定为新型职业农民的人员，根据所从事的产业，分别向当地农业服务中心、畜牧兽医站提出申请，填写"三台县新型职业农民认定审批表"一式三份，同时提交身份证原件与复印件、学历证书原件与复印件及其他相关证书（如阳光工程培训、职业技能培训等证书）原件与复印件等资料一份。

（三）初步评审（2014年9月）。镇乡农业服务中心与畜牧兽医站对申报人员进行资格审查，查验资料，初审合格人员资料交农业局科教股，"三台县新型职业农民认定审批表""三台县新型职业农民认定汇总表"电子文档发送到农业局科教股邮箱（stnykj@163.com）。

（四）评审认定（2014年10月）。县农业局与县畜牧兽医局分别组织相关部门进行评审，评审合格后，由评审人员所在的镇乡人民政府进行公示，公示7天无异议后做出认定。

（五）颁发证书（2014年11月）。符合认定条件的新型职业农民，经组织认定后，由县农业局或县畜牧兽医局统一颁发"四川省新型职业农民证书"，证书有效期为两年。

四、加强管理

（一）新型职业农民的资格认定坚持政府引导、农民自愿、严格标准、动态管理的原则，证书由县级农业主管部门负责颁发、登记和管理。

（二）经认定的新型职业农民，要在各级部门组织的职业技能"比武"与业务交流活动中"唱主角""当导师"，起到示范、引领作用。

（三）经认定的新型职业农民，可优先申报或晋升农民专业技术职称，通过专业技术职称的评定与晋升，不断提高新型职业农民队伍的整体素质。

（四）对已确认的新型职业农民，凡出现自愿申请退出新型职业农民管理体系、不接受新型职业农民各项管理服务、不按要求参加培训学习或有违法行为的情况，农业主管部门要取消其新型职业农民资格，收回颁发的新型职业农民证书，停止享受各种扶持政策。

五、强化服务

（一）新型职业农民是现代化农业发展的支撑和保障，是参与农村管理的后备力量。各有关部门要统一认识、协调配合、齐抓共管，共同为新型职业农民的培育和成长创造有利条件，对做出了突出贡献的新型职业农民要进行宣传报道和表彰奖励。

（二）各相关部门要深入了解新型职业农民对"四新"（新品种、新技术、新模式、新机具）需求的基础上，分类制定培训方案，定期开展有针对性的培训活动。

（三）对已确认的新型职业农民，镇乡人民政府与相关部门要在农业补贴、土地流转、技术服务、金融信贷、农业保险等方面加大政策扶持力度，优先保证职业农民的产业发展。

六、保障与要求

（一）健全组织机构。成立以县人民政府分管农业副县长为组长，农业局、畜牧兽医局、人力资源和社会保障局等相关部门负责人为成员的领导小组，负责新型职业农民认定工作的统筹安排与结果审查。领导小组下设办公室，设在县农业局，具体负责认定工作的日常事务。

（二）严格纪律。新型职业农民认定要按照农民自愿和公开、公平、公正的原则，择优认定。各级工作人员在认定过程中要认真审核，严格把关，确保申报人员符合要求。

附件：1. 三台县新型职业农民认定审批表；
2. 三台县新型职业农民认定汇总表；
3. 四川省新型职业农民认定办法（暂行）。

三台县农业局
三台县畜牧兽医局
三台县人力资源和社会保障局
2014 年 4 月 15 日

附件1：

见表4-2。

表4-2 三台县新型职业农民认定审批表

姓名		性别		出生年月			
住址				文化程度			照片
身份证号				家庭人口			
联系电话				家庭劳力			
加入专业合作社情况	专业合作社名称			加入时间	加入形式		任职情况
申办家庭农场情况	名称			申办时间			
产业名称	从事年限	产业规模（亩、头、只）	年产值（元）	年利润（元）	占总收入比重（%）		分布地点
农业服务中心、畜牧兽医站初审意见	审核人（签字）：　　　　　审核单位（盖章）						
县农业主管部门审定意见	审核人（签字）：　　　　　审核单位（盖章）						
新型职业农民认定证书号码							

附件2：

见表4-3。

表4-3 三台县新型职业农民认定汇总表

序号	姓名	年龄	性别	文化程度	住址	从事产业	产业规模（亩、头、只）	家庭年收入（万元）	申报类型	联系方式
1										
2										

(续表)

序号	姓名	年龄	性别	文化程度	住址	从事产业	产业规模（亩、头、只）	家庭年收入（万元）	申报类型	联系方式
3										
4										
5										
6										
7										
8										
9										
10										

附件3：

四川省新型职业农民认定办法（暂行）

为做好我省新型职业农民认定工作，根据四川省农业厅《关于印发〈四川省新型职业农民培育试点工作指导意见〉的通知》精神，制定本办法。

一、认定条件

新型职业农民认定按照农民自愿和公开、公平、公正的原则，择优认定。其认定条件为：

（一）遵纪守法、热爱农业、身体健康。

（二）接受过阳光工程、农业职业技能鉴定等农业培训或中等及以上农业学历教育合格。

（三）具备现代农业理念与知识，有较强的经营管理能力，按照先进的生产经营模式进行农业生产与经营，在当地具有明显的示范引领作用，收入高于当地城镇居民平均收入水平。

（四）新型职业农民分为生产经营型、专业技能型和社会服务型3类。

生产经营型职业农民：主要包括专业大户、家庭农场主、农民合作社带头人等。粮油作物生产经营规模须达到30亩以上（平原地区50亩以上）；经济作物生产经营规模须达到30亩以上；代耕代种或单季全程托管作业面积须达到 100 亩以上。

专业技能型职业农民：主要包括农业职业经理人、农业工人、农业雇员等。在农民合作社、家庭农场、专业大户、农业企业等新型生产经营主体中较为稳定地从事农业劳动，具有一定专业技能的农业管理人员和生产经营骨干。

社会服务型职业农民：主要包括农机服务人员、统防统治植保员、农村信息员、农村经纪人等。在社会化服务组织中或个体直接从事农业产前、产中、产后服务人员，服务水平得到农民认可。

二、认定程序

（一）自愿申报。拟申请认定为新型职业农民的人员，向县级农业行政主管部门自主申报，并提供身份证复印件、学历证书复印件及其他相关证书（如阳光工程培训、职业技能培训等证书）等资料。

（二）组织认定。经县级人民政府同意，由县级农业行政部门会同相关部门成立认定工作领导小组，县级农业行政主管部门具体负责认定工作。

（三）颁发证书。新型职业农民证书是农业从业者从事农业行业某一职业所必备的专业知识、技能水平、管理能力和生产发展业绩的证明。符合认定条件的新型职业农民，经认定后，由所在县级农业行政主管部门颁发"四川省新型职业农民证书"，证书有效期为两年。

三、管理服务

（一）加强管理。新型职业农民证书由四川省农业厅统一印制、编号。县级农业行政主管部门负责证书的颁发、登记和管理，实行实名登记、分类归档和动态管理制度，对连续两年未从事本产业的不再认定为新型职业农民。

（二）强化服务。各级政府和农业等部门要在产业发展、农业保险及金融信贷等方面加大对新型职业农民的扶持。农业科研、教学单位要加强对新型职业农民的技术指导服务，在新品种、新技术的推广应用和转化方面优先给予支持。引导、鼓励和帮助持证新型职业农民主动更新知识，提升从业素质和能力。

四、附则

本办法自印发之日起施行，有效期两年。

2014年6月5日梓潼县农业局关于印发《梓潼县新型职业农民认定办法（暂行）》的通知（梓农发〔2014〕28号）

各乡（镇）农业服务中心、局有关部门：

根据四川省农业厅制定的《四川省新型职业农民认定办法（暂行）》有关规定和要求，结合我县实际，制定《梓潼县新型职业农民认定办法（暂行）》，现印发你们，请认真执行。

附件：梓潼县新型职业农民认定办法（暂行）

梓潼县农业局
2014年6月5日

附件：

梓潼县新型职业农民认定办法（暂行）

为做好我县新型职业农民认定工作，根据四川省农业厅制定的《四川省新型职业农民认定办法（暂行）》有关规定和要求，制定本办法。

一、认定条件

新型职业农民认定按照农民自愿和公开、公平、公正的原则，择优认定。其认定条件为：

（一）遵纪守法、热爱农业、身体健康。

（二）接受过阳光工程、农业职业技能鉴定等农业培训或中等及以上农业学历教育合格。

（三）具备现代农业理念与知识，有较强的经营管理能力，按照先进的生产经营模式进行农业生产与经营，在当地具有明显的示范引领作用，收入高于当地城镇居民平均收入水平。

（四）新型职业农民分为生产经营型、专业技能型和社会服务型3类。

生产经营型职业农民：主要包括专业大户、家庭农场主、农民合作社带头人等。粮油作物生产经营规模须达到30亩以上；经济作物生产经营规模须达到30亩以上；代耕代种或单季全程托管作业面积须达到100亩以上。

专业技能型职业农民：主要包括农业职业经理人、农业工人、农业雇员等。在农民合作社、家庭农场、专业大户、农业企业等新型生产经营主体中较为稳定地从事农业劳动,具有一定专业技能的农业管理人员和生产经营骨干。

社会服务型职业农民:主要包括农机服务人员、统防统治植保员、农村信息员、农村经纪人等。在社会化服务组织中或个体直接从事农业产前、产中、产后服务的人员,服务水平得到农民认可。

二、认定程序

(一)自愿申报。拟申请认定为新型职业农民的人员,向县级农业行政主管部门自主申报,并提供身份证复印件、学历证书复印件及其他相关证书(如阳光工程培训、职业技能培训等证书)等资料。

(二)组织认定。经县级人民政府同意,由县级农业行政部门会同县财政局、县人社局等相关部门成立认定工作领导小组,县级农业行政主管部门具体负责认定工作。

(三)颁发证书。新型职业农民证书是农业从业者从事农业行业某一职业所必备的专业知识、技能水平、管理能力和生产发展业绩的证明。符合认定条件的新型职业农民,经认定后,由所在县级农业行政主管部门颁发"四川省新型职业农民证书",证书有效期为两年。

三、管理服务

(一)加强管理。新型职业农民证书由四川省农业厅统一印制、编号。县级农业行政主管部门负责证书的颁发、登记和管理,实行实名登记、分类归档和动态管理制度,对连续两年未从事本产业的不再认定为新型职业农民。

(二)强化服务。各级政府和农业等部门要在产业发展、农业保险及金融信贷等方面加大对新型职业农民的扶持。农业科研、教学单位要加强对新型职业农民的技术指导服务,在新品种、新技术的推广应用和转化方面优先给予支持。引导、鼓励和帮助持证新型职业农民主动更新知识,提升从业素质和能力。

四、附则

本办法自印发之日起施行,有效期两年。

2014年12月19日北川羌族自治县农业局关于印发北川羌族自治县新型职业农民培育认定及管理办法（试行）的通知（北农业〔2014〕129号）

四川省农业厅《关于印发〈四川省新型职业农民培育试点工作指导意见〉的通知》（川农业〔2012〕179号）精神，制定了《北川羌族自治县新型职业农民认定办法（暂行）》，现印发你们，请认真做好新型职业农民认定、管理和服务工作。

附件：1. 北川羌族自治县新型职业农民认定办法（暂行）；
2. 北川羌族自治县新型职业农民资格认定申请表。

北川羌族自治县农业局
2014年12月19日

附件1：

北川羌族自治县新型职业农民认定办法（暂行）

为做好我县新型职业农民认定工作，根据四川省农业厅《关于印发〈四川省新型职业农民培育试点工作指导意见〉的通知》精神，制定本办法。

一、认定条件

新型职业农民认定按照农民自愿和公开、公平、公正的原则，择优认定。其认定条件为：

（一）遵纪守法、热爱农业、身体健康。

（二）接受过新型职业农民培训、农业职业技能鉴定等农业培训或中等及以上农业学历教育合格。

（三）具备现代农业理念与知识，有较强的经营管理能力，按照先进的生产经营模式进行农业生产与经营，在当地具有明显的示范引领作用，收入高于当地城镇居民平均收入水平。

（四）新型职业农民分为生产经营型、专业技能型和社会服务型3类。

生产经营型职业农民：主要包括专业大户、家庭农场主、农民合作社带头人等。粮油作物生产经营规模须达到15亩以上；经济作物生产经营规模须达到20亩以上；代耕代种或单季全程托管作业面积须达到80亩以上。

专业技能型职业农民：主要包括农业职业经理人、农业工人、农业雇员等。在农民合作社、家庭农场、专业大户、农业企业等新型生产经营主体中较为稳定地从事农业劳动，具有一定专业技能的农业管理人员和生产经营骨干。

社会服务型职业农民：主要包括农机服务人员、统防统治植保员、农村信息员、农村经纪人等。在社会化服务组织中或个体直接从事农业产前、产中、产后服务人员，服务水平得到农民认可。

二、认定程序

（一）自愿申报。拟申请认定为新型职业农民的人员，向县级农业主管部门自主申报，并提供身份证复印件、学历证书复印件或其他相关证明（如新型职业农民培训、职业技能培训等证明）资料，统一由乡（镇）农业服务中心上报县农业局。

（二）组织认定。县级农业行政主管部门具体负责认定工作。

（三）颁发证书。新型职业农民证书是农业从业者从事农业行业某一职业所必备的专业知识、技能水平、管理能力和生产发展业绩的证明。符合认定条件的新型职业农民，经认定后，由所在县级农业行政主管部门颁发"四川省新型职业农民证书"，证书有效期为两年。

三、管理服务

（一）加强管理。新型职业农民证书由四川省农业厅统一印制、编号。县级农业行政主管部门负责证书的颁发、登记和管理，实行实名登记、分类归档和动态管理制度，对连续两年未从事本产业的不再认定为新型职业农民。

（二）强化服务。各业务部门要在产业发展、项目扶持等方面对新型职业农民一定倾斜。在新品种、新技术的推广应用和转化方面优先给予支持。引导、鼓励和帮助持证新型职业农民主动更新知识，提升从业素质和能力。

四、附则

本办法自印发之日起施行，有效期两年。

附件2：

见表4-4。

表4-4 北川羌族自治县新型职业农民资格认定申请表

姓名		性别		年龄		文化程度		2寸免冠照片
家庭地址				联系电话				
工作单位				职务		从业岗位		
从业年限		商标或品牌名称			注册资金			
经营类型		经营规模			经营收入		申报类型	
是否参加过新型职业农民培训			培训年度			职业（工种）		
申请人简介								
乡（镇）农业服务中心意见	签章： 年 月 日							
资格认定委员会意见	签章： 年 月 日							

备注：表格中项目，有则如实填报，没有填无；从业岗位填管理、经营、生产，经营类型填设施农业、粮食生产、农产品加工、农产品销售等，经营收入管理型填产值，经营型填利润，服务型、生产型填年收入；申报类型填管理型、经营型、服务型和生产型。

2014年12月24日盐亭县农业局关于印发《盐亭县县级新型职业农民认定管理办法（试行）》的通知（盐农〔2014〕193号）

各乡镇农业服务站，局属各部门：

为加快培育新型职业农民，规范新型职业农民的认定管理，按照《四川省新型职业农民培育试点工作指导意见》（川农业〔2012〕179号）文件要求，县农业局制定了《盐亭县县级新型职业农民认定管理办法（试行）》，请结合实际，切实抓好新型职业农民培育和认定管理工作。

盐亭县农业局
2014年12月24日

盐亭县县级新型职业农民认定管理办法（试行）

第一章 总 则

第一条 为加快推进我县农业现代化发展进程，促进农业专业化、标准化和规模化经营，提高农产品产出率和商品化率，促进粮油、蔬菜等农产品持续增产、农业持续增效、农民持续增收，加快培育农业新型经营主体，培育一批有文化、懂技术、会经营、善管理的新型职业农民。根据中共中央国务院《关于加快发展现代农业进一步增强农村发展活力的若干意见》（中发〔2013〕1号）和《四川省新型职业农民培育试点工作指导意见》（川农业〔2012〕179号）文件要求，结合我县实际，特制定本办法。

第二条 新型职业农民必须思想理念先进、创业欲望强烈、市场意识超前、务农意愿稳定、社会责任意识较强，具备"以农业为职业、占有一定的资源、有一定的专业技能、有一定的资金投入能力、收入主要来自农业"5个基本特征。新型职业农民是农业科技的活跃受体、农村先进生产力的典型代表。

第三条 本办法适用于我县新型职业农民培育中培育出的合格的新型职业农民资格认定及管理。产业暂定种植业、养殖业、农机作业。

第二章 认定标准及条件

第四条 新型职业农民的资格认定坚持政府引导，农民自愿，严格标准，动态管理。认定工作坚持公开、平等、择优及德绩并重的原则。我县新型职业农民认定必须具备以下基本条件。

（一）年龄18～55周岁，遵纪守法、诚实守信、团结友善、无不良行为，在本县从事种植、养殖、农机作业3年以上并有一定规模的经营业主；

（二）具有较高文化素质和技能水平。具有初中以上文化程度，参加过市、县统一组织的新型农民培训，具有与申报产业相关的技能等；

（三）三类新型职业农民的认定条件。

1. 生产经营型职业农民。

①种植规模：年粮油作物30亩以上（含30亩），经济作物15亩以上（含15亩）。

②代耕代种或单季全程托管作业面达到100亩以上。

③养殖规模：牛存栏或年出栏20头以上，猪、羊年出栏头100以上，肉用小家禽年出栏200只以上，蛋禽存栏1 000只以上。

④家庭上年农业经济收入5万元以上，且占家庭总收入80%以上。

2. 专业技能型职业农民：主要包括农业职业经理人、农业工人、农业雇员等。在农民合作社、家庭农场、专业大户、农业企业等新型生产经营主体中较为稳定地从事农业劳动，具有一定专业技能的农业管理人员和生产经营骨干。

3. 社会服务型职业农民：主要包括农机服务人员、统防统治植保员、农村信息员、农村经纪人等。在社会化服务组织中或个体直接从事农业产前、产中、产后服务人员，服务水平得到农民认可；农机大户农机原价值在20万元以上或年农机作业纯收入在5万元以上。

第三章 认定程序

第五条 认定程序。

（一）符合以上条件的培育对象，到所在乡镇农业服务站领取"盐亭县新型职业农民资格认定审批表"，填好后由乡镇农业服务站报送县农业局审核。

（二）县农业局审核后，组织对符合条件者进行专业技能培训。

（三）对培训合格人员中符合条件的报县新型职业农民培育领导小组审批和发证。

第四章 准入及退出机制

第六条 准入机制。根据我县农业产业发展运行情况，从现有种养大户和有志从事农业生产、有一定经济基础、文化素质较高的返乡创业农民中遴选符合新型职业农民培育条件的作为新型职业农民培育对象，进行分级分类培养。对培训考核合格的认定为县级新型职业农民，并颁发新型职业农民证书。

对认定的新型职业农民进行动态管理。被确认为新型职业农民的优先享受各级政府的相关扶持政策，接受各级政府的跟踪管理服务。

第七条 退出机制。对已确认为新型职业农民，具有下列情形之一的，其所在乡镇农业服务站及时上报县农业局，县级农业主管部门核实后，经县农业局新型职业农民培育领导小组会议研究，准予退出新型职业农民管理体系或取消其新型职业农民资格，收回颁发的新型职业农民证书，其不再享受各级政府的相关扶持政策。

1. 自愿申请退出新型职业农民管理体系的。
2. 不接受新型职业农民各项管理服务、不按要求参加培训学习的。
3. 有违法行为的。

第五章 附 则

第八条 本办法由县农业局负责解释。

第九条 本办法自印发之日起施行。

附件：

见表 4 – 5。

表 4 – 5　盐亭县新型职业农民认定审批表

姓名		性别		出生年月		照片
住址				文化程度		
身份证号				家庭人口		
联系电话				家庭劳力		
加入专业合作社情况	专业合作社名称			加入时间	加入形式	任职情况
申办家庭农场情况	名称			申办时间		
农机大户情况	农机数（台套）		农机原值（元）	年作业纯收入（元）		
产业名称	从事年限	产业规模（亩、头、只）		年产值（元）	年利润（元）	占总收入比重（%）	分布地点

乡镇农业服务机构初审意见	审核人（签字）：　　　　审核单位（盖章）
县级农业行政管理部门审定意见	审核人（签字）：　　　　审核单位（盖章）
新型职业农民认定证书号码	

2015年6月29日江油市农业和畜牧局关于印发《江油市新型职业农民认定管理办法》的通知
（江农牧发〔2015〕107号）

各乡镇人民政府，市级各部门、各单位：

为贯彻落实《中共江油市委办公室江油市人民政府办公室关于加强新型职业农民队伍建设的意见》（江委办发〔2015〕26号）文件精神，加快培育一批有较强市场意识、较高生产技能和较强管理能力、较高经营水平的现代新型职业农民，引领带动我市现代农业规模化、集约化发展，稳定现代农业生产经营者队伍，壮大新型生产经营主体，规范新型职业农民管理。经市政府同意，江油市农业和畜牧局结合我市实际，特制定《江油市新型职业农民认定管理办法》。现印发你们，请遵照执行。

特此通知。

附件：江油市新型职业农民认定管理办法（试行）。

江油市农业和畜牧局
2015年6月29日

江油市新型职业农民培育认定及管理办法（试行）

第一条 为加速促进我市农业专业化、标准化和规模化经营，更好地实现我市种植、养殖两个主导产业持续增产、集聚，增加农民收入，实现富民强市的目标。根据中央关于"大力培育新型职业农民"的工作部署和农业部《新型职业农民培育工作方案》要求，结合我市实际，特制定本办法。

第二条 新型职业农民是具有较高文化素质和农业生产管理技能，主要从事农业生产经营，有一定生产经营规模，依靠科技进步和科学管理，并以此为主要收入来源的从业者。

第三条 新型职业农民培育对象的确定，以乡镇（街道）为单位、以自愿为原则进行。各乡镇（街道）要对现有的规模种植和养殖大户进行入户调查摸底，建档立卡，作为江油市首批新型职业农民的培育对象。

第四条 新型职业农民认定标准及条件。

新型职业农民认定按照农民自愿和公开、公平、公正的原则，择优认定。其认定条件为：

（一）遵纪守法、热爱农业、身体健康。

（二）接受过阳光工程、农业职业技能鉴定等农业培训或中等及以上农业学历教育合格。

（三）具备现代农业理念与知识，有较强的经营管理能力，按照先进的生产经营模式进行农业生产与经营，在当地具有明显的示范引领作用，收入高于当地城镇居民平均收入水平。

（四）新型职业农民分为生产经营型、专业技能型和社会服务型3类。

生产经营型职业农民：主要包括专业大户、家庭农场主、农民合作社带头人等。粮油作物生产经营规模须达到30亩以上（平原地区50亩以上），经济作物生产经营规模须达到30亩以上，代耕代种或单季全程托管作业面积须达到100亩以上；养殖规模：牛存栏或年出栏20头以上，猪、羊年出栏头200以上，肉用小家禽畜年出栏2 000只以上，蛋禽存栏1 000只以上，水产养殖水域面积10亩以上；农机大户农机原价值在20万元以上或年农机作业纯收入在5万元以上。

专业技能型职业农民：主要包括农业职业经理人、农业工人、农业雇员等。在农民合作社、家庭农场、专业大户、农业企业等新型生产经营主体中较为稳定地从事农业劳动，具有一定专业技能的农业管理人员和生产经营骨干。

社会服务型职业农民：主要包括农机服务人员、统防统治植保员、农村信息员、农村经纪人等。在社会化服务组织中或个体直接从事农业产前、产中、产后服务人员，服务水平得到农民认可。

第五条 新型职业农民认定程序。

1. 在各乡镇（街道）农业服务中心报名，填写"江油市新型职业农民培育认定审批表"。

2. 各乡镇（街道）农业服务中心把"江油市新型职业农牧民培育认定审批表"复印件报市农业局备案。

3. 市农业和畜牧局把"江油市新型职业农民候选人名单"进行网上公示，接受群众监督。公示7天后，由市农业局下文确定我市新型职业农民培育人选名单。用一年的时间（集中培训时间15天）培训后，经考试考核合格者颁发江油市职业农民资格证书。

4. 江油市首批新型职业农民培育对象计划认定250人，对新型职业农民实行动态管理，根据每年的认定情况随时增减。

第六条 成立江油市农民培训（民生工程）工作领导小组。具体负责农民培训工作的日常工作，协调各方力量，确保人员、技术措施和各项政策的落实。各乡镇（街道）要强化领导，制定专人负责，以加强新型职业农民培育的统筹力度。

第七条 对新型职业农民的支持。

1. 资金支持。在社会保障、医疗保障、农业种养殖业保险保障、养老保障等方面给予支持。

2. 政策支持。优先享受政府已出台的土地流转、农资、农机等农牧业补贴。

3. 信贷支持。属农牧业生产经营领域和环节的，扩大其信誉担保范围，适当提高其贷款风险容忍度。

4. 技术支持。选派优秀的新型职业农民进入大中专院校免费学习培训。对符合条件者，优先申报晋升为高一级农民专业技术职称。

5. 项目支持。对符合条件的新型职业农民，优先申报承担涉农项目，组建专业合作社的可以优先申报示范社。对参加职业技能鉴定的职业农民予以奖励支持。

6. 品牌支持。积极支持新型职业农民创建自己的产品品牌，同时，积极帮助进行产业或产品取得品牌认证，凭认证证书等有关材料给予一定数额的奖励。

第八条 每年对新型职业农民的能力和水平评定。通过表彰奖励，让他们得到社会的公认。通过各种优惠政策，使职业农民从事农业职业的收入水平赶上或达到各行业平均水平，从而引导并鼓励高素质的农牧民向有技术、懂管理、善经营的新型职业农牧民的方向发展。

第九条 本办法由市职业农民育工作领导小组负责解释。

第十条 本办法自印发之日起施行。

2015年8月6日平武县农业局关于印发《平武县新型职业农民认定管理办法（试行）》的通知（平农发〔2015〕89号）

各乡镇农业技术推广综合服务站、畜牧兽医站，局属各单位：

为加快培育新型职业农民，规范新型职业农民的认定管理，确保全县新型职业农民培育工作扎实推进，按照《中共中央国务院关于全面深化农村改革加快推进农业现代化的若干意见》（中发〔2014〕1号）、《四川省农业厅关于做好四川省2014年农民培训（民生工程）工作的通知》（川农业〔2014〕125号）等精神，结合平武实际制定了《平武县新型职业农民认定管理办法（试行）》，现印发你们，请结合各乡镇农业产业发展实际情况，切实抓好新型职业农民认定工作。

附件：平武县新型职业农民认定管理办法（试行）。

平武县农业局
2015年8月6日

附件：

平武县新型职业农民认定管理办法（试行）

第一章 总则

第一条 为加速推动我县农业现代化发展进程，促进农业专业化、标准化和规模化经营，提高农产品产出率和商品化率，促进粮油、蔬菜、畜禽等农产品持续增产、农业增效、农民增收，加快培育农村新型经营主体，培育一批有文化、懂技术、会经营、善管理的新型职业农民。根据《中共中央国务院关于全面深化农村改革加快推进农业现代化的若干意见》（中发〔2014〕1号）、《四川省农业厅关于做好四川省2014年农民培训（民生工程）工作的通知》（川农业〔2014〕125号）要求，按照《四川省农业厅关于印发〈四川省新型职业农民认定办法（暂行）〉的通知》和《绵阳市农业局关于印发《绵阳市市级新型职业农民认定管理办法（试行）的通知》（绵农发〔2013〕210号）精神，结合我县实际，特制定本办法。

第二条 新型职业农民具有思想理念先进、创业欲望强烈、市场意识超前、务农意愿稳定、社会责任意识较强等特征，是农业科技的活跃主体、农村先进生产力的典型代表。

第三条 本办法适用于我县新型职业农民资格认定及管理，产业暂定种植业、农机作业和养殖业。

第二章 认定条件

第四条 新型职业农民的资格认定坚持政府引导，农民自愿，严格标准，动态管理。认定工作坚持公开、平等、择优及德绩并重的原则。我县新型职业农民认定必须具备以下基本条件。

（一）年龄在 18~55 周岁的本县内以种植、养殖、农机作业等为主业的人员。

（二）具有初中以上文化程度，接受过阳光工程、农业职业技能鉴定、新型职业农民等农业培训或中等及以上农业学历教育合格，有与申报产业相关的技能。

（三）具有一定生产经营规模，生产经营状况良好，收入高于当地城镇居民平均收入水平。

1. 种植规模：粮油作物种植面积 30 亩及以上，或经济作物种植面积 15 亩及以上。

2. 养殖规模：牛年出栏或存栏 20 头及以上，或猪羊年出栏 100 头及以上，或肉用小家禽畜年养殖 2 000 只以上或蛋禽年养殖 1 000 只以上。

3. 农机大户农机原价值在 20 万元以上，或年农机作业纯收入在 5 万元以上。

第五条 新型职业农民分为生产经营型、专业技能型和社会服务型三类。

（一）生产经营型职业农民：是以农业为职业、占有一定的资源、有一定的专业技能、有一定的资金投入能力、收入主要来自农业的现代农业从业者，主要包括专业大户、家庭农场主、农民合作社带头人等。

（二）专业技能型职业农民：是在专业大户、家庭农场、农民合作社、农业企业等新型经营主体中较为稳定地从事农业劳动作业，并以此为主要收入来源，具有一定专业技能的新型农业劳动力。主要包括农业职业经理人、农业工人、农业雇员等。

（三）社会服务型职业农民：是指在经营性社会化服务组织中或个体直接从事农业产前、产中、产后服务，并以此为主要收入来源，具有相应服务能力的新型农业社会化服务人员。主要包括农机服务人员、统防统治植保员、测土配方施肥员、农村信息员、农产品经纪人、村级动物防疫员等农业社会化服务人员。

<h2 style="text-align:center">第三章　认定程序</h2>

第六条　认定程序是：

（一）自愿申报。符合条件、拟申请认定为新型职业农民的人员自主申报，按照申报类型填写"平武县新型职业农民资格认定申请及审批表"，并提供身份证复印件、学历证书复印及其他相关证明材料（如阳光工程培训、职业技能等证书），报乡镇农业技术推广综合服务站或畜牧兽医站进行初审，合格后由乡镇农业技术推广综合服务站或畜牧兽医站报乡镇人民政府审核，合格后再报县新型职业农民认定工作领导小组。

（二）组织认定。由县农业局成立认定工作领导小组，具体负责认定工作。

（三）颁发证书。符合认定条件的新型职业农民，经认定后，由县农业局颁发"四川省新型职业农民证书"，证书有效期为两年。

<h2 style="text-align:center">第四章　准入及退出机制</h2>

第七条　准入机制。根据我县农业产业发展运行情况，从现有的种养大户和有志从事农业生产、有一定经济基础、文化素质较高的返乡创业农民中遴选符合新型职业农民培育条件的作为新型职业农民培育对象，进行分类系统培训和考核。对培训考核合格的认定为新型职业农民，颁发新型职业农民证书。

对认定的县级新型职业农民进行动态管理，每年审核一次，审核不合格者收回新型职业农民资格证。被确认为新型职业农民的优先享受各级政府的相关扶持政策，接受各级政府的跟踪管理服务。

第八条　退出机制。对已确认为新型职业农民有下列情形之一的，由其所在乡镇人民政府核实后报新型职业农民认定工作领导小组，准予退出新型职业农民管理体系或取消其新型职业农民资格，注销颁发的新型职业农民证书，并不再享受各级政府的相关扶持政策。

（一）自愿申请退出新型职业农民管理体系的。

（二）后期从事农业生产经营规模缩减，未达到新型职业农民认定标准的。

（三）不接受新型职业农民各项管理服务、不按要求参加培训学习的。

（四）有违法行为的。

（五）其他情形。

第五章 附则

第九条 本办法由县农业局负责解释。

第十条 本办法自印发之日起施行。

附件1：平武县新型职业农民资格认定申请及审批表（生产经营型）；

附件2：平武县新型职业农民资格认定申请及审批表（专业技能型、社会服务型）。

附件1：

见表4-6。

表4-6 平武县新型职业农民资格认定申请及审批表（生产经营型）

姓名		性别		出生年月			
家庭住址				文化程度		2寸免冠照片	
身份证号				家庭人口			
联系电话				家庭劳力			
加入专业合作社情况	专业合作社名称			加入时间		加入形式	任职情况
申办家庭农场情况	名称			申办时间		是否为专业大户	
主要从事产业名称	从业年限	产业规模（亩、头、只）	年产值（元）		年利润（元）	占总收入（%）	分布地点
是否参加过农业培训		培训年度		专业名称		申报类型	
乡镇农技（畜牧兽医）初审	意见： 审核人（签字）： 审核单位（盖章）：						
乡镇人民政府审核	意见： 审核人（签字）： 审核单位（盖章）：						
平武县新型职业农民认定领导小组审定	意见： 审核人（签字）： 成员单位（盖章）：						
新型职业农民认定证书号码							

填表说明：①该表用于申报生产经营型新型职业农民。②专业大户在"是否为专业大户"栏中填写，家庭农场主在"申办家庭农场情况"后的两栏内填写，农民合作社在"加入专业合作社"后的四栏内填写

附件 2：

见表 4-7。

表 4-7　平武县新型职业农民资格认定申请及审批表

（专业技能型、社会服务型）

姓名		性别		出生年月		文化程度		2 寸免冠照片
家庭地址				身份证号				
联系电话				从业岗位				
服务主体								
从业收入		占总收入（%）		是否参加过新型职业农民培训		培训年度		
培训专业				申报类型				
乡镇农技（畜牧兽医）站初审	意见：				审核人（签字）： 审核单位（盖章）：			
乡镇人民政府审核	意见：				审核人（签字）： 审核单位（盖章）：			
平武县新型职业农民认定领导小组审定	意见：				审核人（签字）： 成员单位（盖章）：			
新型职业农民认定证书号码								

填表说明：①本表用于申报专业技能型和社会服务型职业农民。②从业岗位填农业职业经理人、农业工人、农业雇员、农机服务人员、统防统治植保员、测土配方施肥员、农村信息员、农产品经纪人、村级动物防疫员等。③服务主体填写所服务的新型经营主体，或服务的县、镇（乡）、村等

2015年9月10日绵阳市涪城区农业局关于印发《涪城区新型职业农民认定管理办法》的通知
（绵涪农〔2015〕号）

各乡镇农业服务中心：

为加快培育新型职业农民，规范新型职业农民的认定管理，确保全区新型职业农民培育试点工作扎实推进，按照《四川省新型职业农民培育试点工作指导意见》（川农业〔2012〕179号）和《绵阳市市级新型职业农民认定管理办法》（绵农发〔2013〕210号）文件要求，我局制定了《涪城区新型职业农民认定管理办法》，现印发给你们，请结合各乡镇农业产业发展实际情况，切实抓好新型职业农民认定工作。

绵阳市涪城区农业局
2015年9月10日

涪城区新型职业农民培育认定及管理办法（试行）

第一章 总则

第一条 培育新型职业农民，构建专业化、标准化、规模化和集约化的新型农业经营体系，是我国推进现代农业发展的重大制度创新，也是我区加快农业现代化进程的重要途径。根据农业部《新型职业农民培育试点工作方案》和《新型职业农民培育试点工作指导意见》精神，结合我区实际，特制定本办法。

第二条 新型职业农民是指以农业为职业、具有一定的专业技能、收入主要来自农业的现代农业从业者。主要包括生产经营型、专业技能型和社会服务型职业农民。培育新型职业农民，有利于吸引和培养一批高素质现代农业从业者，实现我区粮食和主要农产品持续增产、农民持续增收，现代农业建设更显成效。

第三条 本办法适用于我区新型职业农民培育试点工作期间的新型职业农民资格认定及管理，产业暂定种植业和养殖业。

第二章 认定标准及条件

第四条 新型职业农民的资格认定标准：政府主导统筹，农民自愿，严格标准，动态管理。认定工作坚持公开、平等、择优及德绩并重的原则。我区新型职业农民必须具备以下基本条件。

（一）在劳动年龄内（18~55周岁）的本区从事种植业、养殖业，有一定规模的以上人员，遵纪守法、热爱农业、身体健康。

（二）具备现代农业理念与知识，有较强的经营管理能力，按照先进的生产经营模式进行农业生产与经营，在当地具有明显的示范引领作用，收入高于当地农村居民平均收入水平。

（三）新型职业农民分为生产经营型、专业技能型和社会服务型等3类。

生产经营型职业农民：主要包括专业大户、家庭农场主、农民合作社带头人等。粮油作物生产经营规模须达到50亩以上；经济作物生产经营规模须达到5亩以上；家畜年出栏200头以上。

专业技能型职业农民：主要包括农业职业经理人、农业工人、农业雇员等。在农民合作社、家庭农场、专业大户、农业企业等新型生产经营主体中较为稳定地从事农业劳动，具有一定专业技能的农业管理人员和生产经营骨干。

社会服务型职业农民：主要包括农机服务人员、统防统治植保员、农村信息员、农村经纪人等。在社会化服务组织中或个体直接从事农业产前、产中、产后服务人员，服务水平得到农民认可。

第三章 认定机构、标准及程序

第五条 新型职业农民的资格认定坚持政府主导、农民自愿、严格标准、动态管理、政策挂钩的原则，认定工作坚持公开、公平、择优及德绩并重的原则。我区新型职业农民认定机构、标准和程序如下。

（一）符合以上条件的培育对象自行申请，填写"涪城区新型职业农民资格认定申请及审批表"，由所在村民委员会推荐，上报乡镇农业服务站进行初审后报乡镇人民政府审核。

（二）区农业局对符合条件者进行专项培训，经区农业局新型职业农民培育试点工作领导小组审定后发证。

第六条 坚持培训一个、合格一个、认定一个的原则，坚持学校培训管理、农业行政主管部门认定发证的原则。

第四章 准入及退出机制

第七条 准入机制。根据我区农业产业发展运行情况,从现有的种养大户和有志从事农业生产、有一定经济基础、文化素质较高的返乡创业农民中遴选符合新型职业农民培育条件的作为新型职业农民培育对象,进行分类系统培训和考核。对培训考核合格的认定为新型职业农民,颁发新型职业农民证书。

被确认为新型职业农民的优先享受各级政府的相关扶持政策,接受各级政府的跟踪管理服务。

第八条 退出机制。对认定的区级新型职业农民进行动态管理,每年审核一次,审核不合格者注销其新型职业农民资格证。对已确认为新型职业农民有下列情形之一的,其所在乡镇人民政府核实后应及时上报区农业局,经区农业局研究,准予退出新型职业农民管理体系或取消其新型职业农民资格,注销颁发的区级新型职业农民证书,不再享受各级政府的相关扶持政策。

1. 自愿申请退出新型职业农民管理体系的。
2. 后期从事农业生产经营规模缩减,未达到新型职业农民认定标准的。
3. 不接受新型职业农民各项管理服务、不按要求参加培训学习的。
4. 有违法行为的。

第五章 附则

第九条 本办法由区农业局负责解释。

第十条 本办法自印发之日起施行。

附件:1. 涪城区新型职业农民资格认定申请及审批表(生产经营型);

2. 涪城区新型职业农民资格认定申请及审批表(专业技能型、社会服务型)。

附件1:

见表4-8。

表4-8 涪城区新型职业农民资格认定申请及审批表
(生产经营型)

姓名		性别		出生年月		
家庭住址				文化程度		2寸免冠照片
身份证号				家庭人口		
联系电话				家庭劳力		

加入专业合作社情况	专业合作社名称			加入时间		加入形式		任职情况	
申办家庭农场情况	名称			申办时间			是否为专业大户		
主要从事产业名称	从业年限	产业规模（亩、头、只）		年产值（元）	年利润（元）		占总收入（%）	分布地点	
是否参加过农业培训		培训年度			专业名称		申报类型		
乡镇农技（畜牧兽医）站初审			意见：				审核人（签字）： 审核单位（盖章）：		
乡镇人民政府审核			意见：				审核人（签字）： 审核单位（盖章）：		
区级农业行政管理部门认定意见			意见：				审核人（签字）： 审核单位（盖章）：		
新型职业农民认定证书号码									

填表说明：①该表用于申报生产经营型新型职业农民。②专业大户在"是否为专业大户"栏中填写，家庭农场主在"申办家庭农场情况"后的两栏内填写，农民合作社在"加入专业合作社"后的四栏内填写

附件2：

见表4-9。

表4-9 涪城区新型职业农民资格认定申请及审批表
（专业技能型、社会服务型）

姓名		性别		出生年月		文化程度			
家庭地址				身份证号				2寸免冠照片	
联系电话				从业岗位					
服务主体									
从业收入		占总收入（%）		是否参加过新型职业农民培训			培训年度		
培训专业					申报类型				

乡镇农技（畜牧兽医）站初审	意见：	审核人（签字）： 审核单位（盖章）：
乡镇人民政府审核	意见：	审核人（签字）： 审核单位（盖章）：
区级农业行政管理部门认定意见	意见：	审核人（签字）： 审核单位（盖章）：
新型职业农民认定证书号码		

填表说明：①本表用于申报专业技能型和社会服务型职业农民。②从业岗位填农业职业经理人、农业工人、农业雇员，农机服务人员、统防统治植保员、测土配方施肥员、农村信息员、农产品经纪人、村级动物防疫员等。③服务主体填写所服务的新型经营主体，或服务的区、镇（乡）、村等

2016年3月14日绵阳市游仙区农业局关于印发《游仙区新型职业农民认定管理办法（暂行）》的通知（绵游农〔2016〕24号）

各乡镇人民政府，局有关部门：

为加快培育新型职业农民，规范新型职业农民的认定管理，确保全区新型职业农民培育试点工作扎实推进，根据省、市制定的《新型职业农民认定管理办法（暂行）》。结合游仙实际，我局制定了《游仙区新型职业农民认定管理办法（暂行）》，现印发你们，请认真执行。

附：游仙区新型职业农民认定管理办法（暂行）。

绵阳市游仙区农业局
2016年3月14日

游仙区新型职业农民认定管理办法（暂行）

第一章 总 则

第一条 为贯彻落实市政府办《关于加快培育新型职业农民的意见》（绵府办发〔2015〕66号），培育一批有文化、懂技术、会经营、善管理的新型职业农民，规范我区新型职业农民的认定和管理工作，特制定本办法。

第二章 范围对象

第二条 新型职业农民资格评审认定的范围和对象是：在游仙区区域内从事农业生产经营、专业技能作业、社会化服务的现代农业从业者。

第三章 认定标准

第三条 新型职业农民是农业科技的活跃主体、农村先进生产力的典型代表。必须思想理念先进、创业欲望强烈、市场意识超前、务农意愿稳定、社会责任意识较强、具备"以农业为职业、占有一定的资源、有一定的专业技能、有一定的资金投入能力、收入主要来自农业"五个基本特征。根据游仙区实际，划分为生产经营型、专业技能型和专业服务型。

第四条 新型职业农民申报认定必须具备以下条件。

一、基本条件

1. 具有游仙区户籍或在游仙区从业两年以上,稳定从事农业生产经营、专业技能作业、社会化服务的现代农业从业者。

2. 具有初中以上文化程度,年龄18～55周岁,身体健康。

3. 自愿接受游仙区新型职业农民培训,学完各环节内容,经考核合格,具备现代农业生产经营管理知识和技能。

二、能力条件

(一)生产经营型。从事农业生产,具有一定生产经营规模,生产经营现状良好,主要是各类专业大户(种植、养殖、加工、流通、农机)、科技示范户、家庭农场主、农民合作社负责人、农业产业化企业负责人等。

1. 种植业规模:粮油作物种植面积达50亩以上、经济作物种植面积达30亩以上。

2. 养殖业规模:肉牛出栏或存栏20头、猪羊出栏100头以上、家禽养殖1 000只以上、水产养殖15亩以上。

3. 农机具规模:农机原值在20万元以上或年农机作业纯收入在5万元以上。

(二)专业技能型。在农民合作社、家庭农场、专业大户、农业企业等新型生产经营主体中较为稳定地从事农业劳动作业,并以此为主要收入来源,具有一定专业技能的农业劳动力,主要是农业工人、农业雇员、技术骨干等。

(三)专业服务型。在社会化服务组织或个体中直接从事农业产前、产中、产后服务,并以此为主要收入来源,具有相应服务能力的农业社会化服务人员,主要是农村信息员、农村经纪人、农机服务人员、统防统治植保员、村级动物防疫员等农业社会化服务人员。

第四章 认定程序

第五条 新型职业农民的认定坚持政府引导、农民自愿、严格标准、动态管理和公开、平等、择优及德绩并重的原则。

第六条 新型职业农民的认定程序是:

(一)自愿申报。符合新型职业农民条件的,由本人填写"游仙区新型职业农民认定申报表",提供身份证、毕业证书、专业技术职称证书、有关成果证明、获奖证书复印件,本人近期免冠二寸彩色照片2张,向所在地的乡镇自愿申报。

（二）审核推荐。由申报人所在地的乡镇，对其提供的申报表以及有关材料进行初审推荐，签署意见并盖章，报区农业局。

（三）评审认定。由区农业局组织专业评审小组根据申报材料进行审核认定，结果在游仙农业信息网上公示，经公示无异议后，颁发资格证书并备案。

第五章　管理办法

第七条　建立新型职业农民准入机制和退出机制，定期对新型职业农民进行认定和审核，建立和完善新型职业农民档案和信息管理系统，实行网络化动态管理。

第八条　准入机制。每年遴选一批新型职业农民培育对象，分类进行系统培训和考核，经考核合格的按程序认定为新型职业农民，颁发新型职业农民证书。被认定为新型职业农民的优先享受各级政府的相关扶持政策，接受跟踪管理服务。

第九条　退出机制。每两年对新型职业农民进行一次审核，有下列情形之一的，由所在乡镇核实后报区农业局审核，准予退出新型职业农民管理体系或取消新型职业农民资格，注销新型职业农民证书。

1. 自愿申请退出新型职业农民管理体系的。
2. 从事农业生产经营规模缩减，低于新型职业农民认定标准的。
3. 不接受新型职业农民各项管理服务、不按要求参加培训学习的。
4. 有违法行为的。

第六章　附则

第十条　本办法由区农业局负责解释。

第十一条　本办法自印发之日起施行，有效期 4 年。

附件：1. 游仙区新型职业农民资格认定申报表；

2. 游仙区新型职业农民认定汇总表。

附件1：

见表4-10。

表4-10　游仙区新型职业农民资格认定申报表

姓名		性别		
出生年月		民族		照片（一寸）
文化程度（提供证书复印件）	☐小学及以下 ☐初中 ☐高中 ☐中专 ☐大专 ☐大学及以上	政治面貌		
身份证号				
手机号码		电子邮箱		
QQ号		微信号		
家庭人口		户籍所在地		
通讯地址				
人员类别	☐种养大户　　　☐家庭农场经营者　　☐农民合作社骨干 ☐创业大学生　　☐返乡农民工　　　　☐退伍军人			
培育类别	☐生产经营型　　☐专业技能型　　☐专业服务型			
申请方式	☐个人申请　　☐农业企业和培训机构联合推荐　　☐部门协商推荐			
专业学习培训经历	是否参加过新型职业农民培训☐是☐否　（提供培训相关证书或文件） 参加其他农业培训☐次/年			
产业生产经营基本情况	产业所在地区	游仙区____乡（镇）____村____组		家庭从事产业人数	
	主体产业：粮油作物、果树、蔬菜、畜牧养殖、水产养殖、休闲农业、其他				
	主体产业1		产业规模（亩头只）		从事年限
	主体产业2		产业规模（亩头只）		从事年限
	主体产业3		产业规模（亩头只）		从事年限
	上年度产业收入（万元）				
	上年度家庭收入（万元）				
乡镇人民政府审核意见	审核人（签字）：　　　　　　　　　　　　　　　（盖章） 　　　　　　　　　　　　　　　　　　　　　　年　月　日				
农业行政主管部门审核意见	审核人（签字）：　　　　　　　　　　　　　　　（盖章） 　　　　　　　　　　　　　　　　　　　　　　年　月　日				
新型职业农民证书认定编号					

附件 2：

见表 4-11。

表 4-11　游仙区新型职业农民认定汇总表

序号	姓名	年龄	性别	文化程度	住址	从事产业	产业规模（亩、头、只）	家庭年收入（万元）	申报类型	联系方式
1										
2										
3										
4										
5										
6										
7										
8										
9										
10										